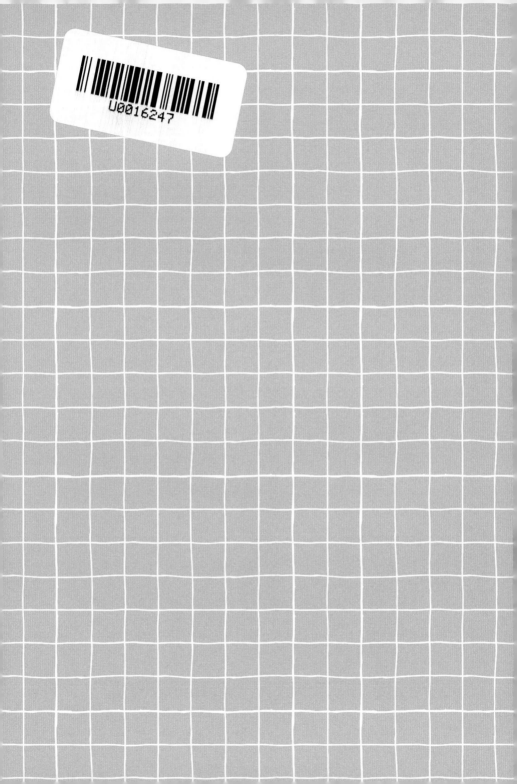

對不起，我不是好媽媽

8 個練習題，帶你走出育兒焦慮與罪惡感

福田智花——著

黃詩婷——譯

目錄 CONTENTS

第二章

為什麼會覺得「我是這種媽媽，真是抱歉」呢？——了解妳的心理習慣

第三章

我是這種人（女兒），真是抱歉
——重新看待與母親之間的關係

第四章

解放那個孩提時受傷的妳！

第五章

反了！反了！
——珍惜孩子的育兒方法

第六章

為了維持一個快樂媽媽的樣子

終章

智花老師諮詢時間——明白自己舊傷的媽媽們

推薦序

停止陷入「暴怒後自責」的惡性循環

陳志恆

我時常在親職教育演講或家長成長課程中，看到許多用心的家長，不斷努力要自己不在孩子面前「情緒失控」。我必須肯定他們的用心，因為，有穩定的家長，才會有穩定的孩子。

然而，細究他們的教養困境，我發現，爲什麼家長時常會情緒失控呢？原因很多，其中一個，是現代的主流教養觀念都要家長不可以對孩子生氣，至少不要大吼大叫——要當個優雅的父母。

我不反對這樣的觀念，然而，這卻讓許多父母在情緒暴怒後便陷入自責之中，而自責的情緒累積久了，又容易醞釀出下一次的情緒失控，於是陷入了「暴怒—自責—暴怒—自責……」這樣沒完沒了的無限循環中。

於是，我深刻體會到，育兒的過程常伴著罪惡與內疚。特別是面對外界的指指點點時，會因爲一點小事，而認爲自己是個不夠好的家長，但如此便無法享受育兒的樂趣，更難以給孩子有品質的陪伴。

我常在課程中告訴家長：「無論如何，你已經是夠好的家長了！」因爲，所有的父母都是在有限條件下，盡自己最大努力提供孩子成長的養分，我也要家長時時如此溫柔地自我提醒。

解除身爲家長的內疚與罪惡，是教養上的重要議題，然而，爲什麼我們會覺得自己不夠好呢？《對不起，我不是好媽媽》這本書，給了我們詳盡的解析。

其實自己的生命經驗，會影響我們如何成爲一位父母。有時候讓我們感到自責、抱歉與不夠好的，是那個童年時期未被善待的自己。當我們帶著許多委屈與自卑長大後，會再把這樣的情感經驗投射在與孩子的關係中。

我要請你特別思考，你會發現，現在你與孩子的互動關係，正提供了你一個新的認識自己的管道、一個新的重新修復自我關係的契機，在陪伴孩子的過程中，也陪伴自己再成長一次。

這本書看似寫給媽媽看的，但我期待爸爸也能閱讀。

在我們的文化中，母親因爲被期待擔負較重的教養任務，於是相較於父親，更容易陷入自責與內疚之中，而外在環境的友善支持，會是緩解這些不必要焦慮的重要來源。最重要的支持來源，就是另一半。

聰明的爸爸，只要懂得善待太太，孩子便會更健康，全家就會更幸福。

——本文作者爲諮商心理師、作家

推薦序

育兒問題，讓你面對真實自我

諶淑婷

有一天，六歲的兒子問我：「媽媽，你工作快樂嗎？」他認為育兒是我的工作，「快樂啊，你們這麼可愛。」我回答。

但兒子想了想，又說：「可是你有時候表情看起來很不開心。」

那天我開始問自己，我到底是用什麼表情對待自己心愛、而且眞心覺得可愛天眞的孩子。

不只我是這麼想的吧？明明孩子剛出生時，覺得可愛到每天都想向親友炫耀。但孩子兩歲後，話說得好、行為能力也高了，反而時常因為孩子而心情煩躁。身為一名全世界都認為必須「自動湧現母愛」的母親本人，我時常感到困惑又自責。

這本《對不起，我不是好媽媽》，一再點出了這些年我所身處的育兒窘境。雖然努力避免，但我還是忍不住控制孩子；每當看到孩子因為我的緊繃情緒，露出僵硬的笑容、說著溫順的話討好我，我不但不覺得開心，還感到痛苦！

我把「無法欣賞孩子本來的模樣」「我到底做錯了什麼」沉重地揹在身上，一心想找到改變自己的方式，尋求改善親子關係的良方。

後來我知道了，育兒是上天給我面對眞實自己的機會。當我害怕別人目光時，我壓抑了自己的想法與感受；當我無法得到伴侶的育兒協力時，我笑著和朋友說，不要期待太多，就不會感到受傷；我對六歲的兒子生氣時，是希望他能讓一下兩歲的女兒，讓我喘口氣；我總是以「我很累」作爲藉口對孩子、伴侶發脾氣。

但爲什麼我要拚命地把所有的事攬在身上，做一名完美媽媽呢？如果我不去正視每一件讓我心煩惱的事，找到不同的視角看待，就無法停止責怪自己是母愛不足的女人吧！

如本書作者提醒，生養孩子是改變自己的機會，重新爲自己的人格塑型。育兒帶來的憤怒，其實來自內心的不安、悲傷、寂寞與恐懼，怒氣不過是我們最習慣宣泄情緒的模式。

各位父母，請多和自己談話吧，好好認識眞正的自己，承認有些事我們也辦不到的，那些很遜的模樣、惹人厭的性格、丟臉的經驗以及負面情緒，都是眞實的你。

唯有認同自己原本的模樣，才能成爲自由自在的人。

你不是「這樣做是不行的」，而是「我這樣的父母，也還不錯吧？」

——本文作者爲文字工作者

推薦序

擺脫「我不是好媽媽」的罪惡感，做個從容自信的母親

雙寶娘

有次參加一場媽媽們的聚會，現場有懷孕的準媽媽、職業婦女、家庭主婦，不論是哪種類型的媽媽，只要一聊到自己在育兒過程中做不到、做不好的事情，就會出現一句媽媽們的經典台詞「我不是好媽媽」。

沒忍得住脾氣，不小心吼了孩子……「我不是好媽媽」。

身兼工作和家庭，沒時間多陪孩子……「我不是好媽媽」。

沒辦法賺錢，給孩子更好的生活品質……「我不是好媽媽」。

還有母乳不夠的、單親的、生病的……各式各樣五花八門的「引疚點」，讓我忍不住感慨萬千。

《對不起，我不是好媽媽》的作者是一位心理諮商師，針對有育兒煩惱的媽媽們開設諮詢講座和服務，至今已有十餘年的時間。她發現大部分的媽媽，除了

感覺無法向他人述說自己的困擾，也飽受罪惡感的折磨，因此痛苦不已。

從這些來諮商的案例中，作者歸納出媽媽們的罪惡感來源，分別是以下這七種原因：

「在意他人目光」「夫妻一起育兒卻不順利」「很在意孩子的缺點」「不疼愛哥哥或姊姊」「希望孩子如己所願」「無法控制自己的情緒」及「無法愛小孩」。

身爲諮商師的作者指出，媽媽們如果想要擺脫這些罪惡感，必須深入了解認識自己的心理習慣，而七種類型的媽媽共通的心理習慣是否定自我。因此，作者設計了8道課程練習題，來幫助媽媽們戒除否定自我的心理習慣，從而找回育兒的自信。

這8道課程練習題環環相扣，媽媽們必須誠實寫下答案與自己的內在對話，從答案中去面對原生家庭帶來的傷害，解放孩提時代的自己，治癒深埋內心的舊傷，並試著原諒父母和自己，如此才能擺脫如影隨行的罪惡感，從「對不起，我不是好媽媽」的窠臼中徹底畢業。

誠實面對自己是一趟艱辛的旅程，畢竟逃避是人類的天性，關於這點，作者也在〈結語〉中給出良好的建議，「請試著找到一個夥伴」，就像女人終生的志向減肥一樣，有一起努力的夥伴和同學，可以彼此督促加油打氣，學習成效往往比一個人時更好。

文末，雙寶娘祝福每個翻開本書的讀者，都能跟隨作者的腳步，擺脫「我不是好媽媽」的罪惡感，做個從容自信的母親。

——本文作者爲親子作家

序言

給陷入育兒困境而萬分煩惱的媽媽們

恭喜妳！從今天起，妳的育兒人生將逐漸轉好！

我在接受諮詢、或者講座的最一開始，總是會對著那些願意鼓起勇氣、向前踏出一步的媽媽們，向她們說聲「恭喜！」這是因爲，對於這些害怕的母親們來說，其實選擇要好好面對自己、爲了保護自己而有所行動的當下，就已經成爲「與過往不同的自己」了。

各位好，我是心屋式心理諮詢師福田智花，針對有育兒煩惱的媽媽們開設諮詢服務及講座。我原先身爲護理師時，就已在精神科及小兒科聆聽過許多煩惱。

至今十年，我見過許多媽媽，感覺到大多數人無法向他人述說自己的困境，獨自懷抱著煩惱度日。大家都是每天面對自己的孩子，一邊想著：**「不應該是這樣子的啊……」**同時不斷責備自己。

對於正因育兒而萬分苦惱、但已經鼓起勇氣拿起這本書的妳，我也想告訴妳：**恭喜妳！請和我一起，原諒自己、也原諒孩子，發掘出真實的自我吧！**

我自己的「我是這種媽媽，真是抱歉」

其實身為諮詢師的我，在明白心屋式心理學以前，也是每天都煩惱著自己的育兒問題。最一開始，應該是我的長女剛過1歲的時候。

她剛出生的時候，我覺得她真是可愛得不得了，簡直就是我的心頭肉。但在她慢慢開始會說話、逐漸有了自我意識以後，我卻覺得她非常令人煩躁。對於這種心情變化會感到困惑的，並非其他人，而是身為母親的我本人。

「對象是這麼小的孩子，我到底為什麼要如此憤怒？」

「我到底是怎麼一回事？」

越是這麼想，我越覺得自己是否太過奇怪，而感到非常害怕。

之後，隨著孩子越來越大，看著孩子與自己自我討厭的部分、以及自己糟糕之處越來越相似，就忍不住罵她：

「不是跟妳說過了，那樣子不行！」

「爲什麼連這種小事都做不好！」

我總是無法壓抑自己的心情、情緒越來越不受控制，如此一來，孩子也會膽戰心驚地想要改變這樣的狀況，擠出有些僵硬的笑容，對著我說：「我最喜歡媽媽了」，然後窺看我的臉色，而這又讓我充滿了罪惡感……我的生活中一直重複著這樣的事。

「我想好好疼愛小孩！」

「我不想傷害她！」

這是我比任何人都強烈的願望，但每天過的卻是前述那樣的日子……生活的每一天，都活像是我對孩子的罪惡感形成的，眞的每天都非常痛苦，甚至有些日子裡，晚上根本睡不著。

在身旁睡得香甜的孩子，明明就像純潔無暇的天使一樣可愛，爲什麼我就是會覺得煩躁呢……一邊看著孩子的睡臉，我忍不住向她道歉。

「我是這種媽媽，眞是抱歉。」

「妳的媽媽居然是我，眞是抱歉。」

育兒煩惱的真正原因是？

在這樣的日子持續一段時間以後，我終於下定決心：「我不行了，這樣下去是不行的，我得改變自己才行！」因此開始學習心屋式心理學。

在這裡，我學習到的事是育兒煩惱是假象，原因其實是自己孩提時代起就緊握不放的「自我責備」以及「自我否定」等「心理習慣」，本書中都會進行詳細的介紹。

不過對於育兒問題十分困擾的媽媽們，包含從前的我自己在內，幾乎都認爲：

「得想辦法改善我和孩子的關係才行！」
「所以我得要改變自己的個性才行！」

而大家越是這麼想，就越容易陷入：

「爲什麼我無法改變呢？」
「爲什麼我又發脾氣了？」

到頭來就成了找尋自己缺失之處的習慣。

但是我在那時才終於了解到，在育兒方面會遇到困難，**眞正的原因是自己內心深處的心靈舊傷時**，我終於能夠從那永無止盡延伸的黑暗隧道當中，看見盡頭隱約射來一線光明！

「我並沒有特別奇怪啊！」
「這並不是我的性格有問題！」

「就算不具備忍耐力，我還是有母愛的啊！」

這讓我打從心底安下心來，先前原本一直非常自責，在這時候也終於能夠逐漸原諒自己。

只要能這麼想，除了從前的我自己是這個樣子以外，我的指導客戶們也都來向我報告：

「我原本討厭孩子來碰我，但現在能夠打從心底樂意讓他抱著了！」

「我不再那麼煩躁，和孩子們有說有笑的時間增加了好多！」

大家和孩子相處的時光，的確正在逐漸轉變！

那麼，就讓我們去見見「真實的自己」吧！

我透過自己的經驗、以及在身爲護理師、諮詢師和許多媽媽們接觸過後，想告訴大家的是：**「育兒是最能夠面對自己、尋找出『眞實的自己＝寶物』的最佳機會！」**

煩躁或者罪惡感等，在育兒的時候能夠受到如此多情感方面的刺激，是其他時間無法比擬的，也才能夠獲得「眞實的自己」這個無可取代的寶物。

現實中雖然煩躁感與罪惡感都令人生厭，但畢竟這是發掘自己內心寶物的機會，想當然爾大家並不想讓這機會溜走吧?!

每當我在諮詢的時候，或者是講座上，看見大多數媽媽們的表情都越來越開朗，就打從心底深處感到喜悅。因爲每個人的臉上都逐漸浮現出：**還以爲我自己不具魅力及愛情，但「其實有啊！」**、**自己被愛的證據「找到了！」**

透過育兒來逐漸面對自己，這會讓大家變得非常幸福。請妳也相信這件事，然後使用這本書來尋找自己的寶物吧！

這本書將「我是這種媽媽，眞是抱歉」的媽媽大致區分爲七種類型。這些都是來找我商量困難的人當中，最爲典型的幾種。

如果你覺得「我可能有這種傾向耶？」或是「這種情況，我很常發生」的話，那麼你大概就是那個類型，請一邊做習題一邊繼續讀下去。

這樣一來，讀完這本書的時候，妳心中的舊傷應該也已經復原，而能夠感受到：

「我現在這樣是沒有問題的！」

「正因爲現在的我是這個樣子，所以當這孩子的媽媽沒有問題！」

然後和孩子相視而笑吧！

第一章

媽媽們的七種「真是抱歉」

類型①在意他人目光

太過在意外界的眼光，真是抱歉

一定得和其他媽媽交朋友！

我身為一個諮詢師，幾乎每天都會有許多媽媽來找我商量這些事：

「就算是為了孩子好，但要和其他媽媽往來，我真的覺得非常討厭。應該怎麼辦才好？」

「每天為了和其他媽媽往來而煩躁不已，都快把氣出到孩子身上了。」

我自己以前也非常不擅長和其他媽媽往來，因此大家的心情，我是感同身受。但話說回來，我從孩提時代起就非常不擅長與人往來。

現在的我和其他人聊起自己年輕時的事，總是會有人驚訝的說：「現在的妳，看起來完全不是那樣啊～！」

但我從前真的是無法融入學校的班級或社團，就算去打工，也無法加入其他人的團體，每天都過得非常痛苦。

我總想著：「大家如果認識眞正的我，一定會討厭我的。」因此始終無法和大家和樂融融地相處。

即使如此，我在學生時代就進入照護設施、以及在大學醫院當義工等，這些經驗也都與現在的工作有所關聯，重點就在於「我想要做能夠幫助其他人健康的工作！」

我在大學學習心理學等課業，畢業後又到護理學校再學習三年，終於成爲心心念念的護理師。在我工作的醫院裡，陪同患者活動、聽他們說話，對我來說眞的非常有意義，也是很快樂的工作。

但即使如此，阻礙在我面前的，依然是**女性社會**的人際關係，無論如何我就是無法融入。

後來我和在護理學校時認識的丈夫結了婚，懷孕後就辭掉了醫院的工作，成了家庭主婦。剛開始育兒時，我最先遇到的障礙，就是：

「一定得和其他媽媽交朋友！」這件事。

在育兒的過程中，很容易出現只有自己和孩子兩個人在家的情況。所以爲了孩子好，我下定決心前往附近的兒童館。

但是，就算看見和自己年齡差不多的媽媽，我也還是無法加入她們的圈子。在那些馬上就和其他媽媽交上朋友、看起來很開心地交換連絡方式的人群中，我默默地想著：「只有我一個人沒有被詢問連絡方式呢……」

都是因為我沒辦法和其他媽媽好好往來……

在孩子上幼稚園之前，要和朋友玩耍，必須取得父母同意對吧？所以我曾經鼓起勇氣，主動邀請其他媽媽。

但如果是平常感情並不特別好的媽媽同伴，那麼孩子們在玩耍的時候，就算一起喝茶也是沒有話題可聊……沒有比那樣的情況更令人難受的了。

而且就算我邀請別人，也經常會遭到拒絕。如此一來，忍不住就會想著：**「都是因爲我自己處理不好這個情況，才會奪走了孩子和朋友一起玩的機會。」**

由於覺得對孩子很抱歉，我實在是忍不住了，竟然對孩子說：**「妳要自己邀朋友來玩啊！」**把氣出在了孩子身上，內心也不斷重複冒出罪惡感與煩躁感。

我可是為了你在忍耐著做自己不喜歡的事！

就在好不容易覺得自己稍微打入其他媽媽的小圈子時，又遇到了大家要按照順序、一家家輪流讓孩子們去玩的狀況。

要輪到我家的時候，因爲還是想在其他媽媽面前展現自己美好的一面，所以從一大清早就開始：

「其他媽媽要來了，得把房間打掃乾淨才行！」

「其他媽媽要來了！她們要來了！」

滿腦子都是這些念頭而忙碌著。

但偏偏就是這種時候，孩子在房間裡玩耍、把玩具丟得亂七八糟……這樣一來，我忍不住火氣直衝上來：

「媽媽從一大早就在打掃，好不容易才弄乾淨，妳爲什麼要把東西亂丟！」

「妳去拿吸塵器來吸！」

明知道這樣是無理取鬧，卻忍不住對著年幼的孩子怒吼。也就是說，我想的是：**「爲了幫妳交到朋友，我可是拚命忍耐著在努力呢！」**

因爲媽媽生氣了，所以孩子會拚命的收拾房間。看到孩子的樣子，我又心生罪惡感……眞的、眞的是非常嚴重的惡性循環。

好在意其他媽媽的眼光！

如果讓孩子去兒童館或其他媽媽的家裡玩耍，那麼孩子們終究會發生開始搶玩具之類的事。

這種時候，就會非常在意其他媽媽的視線，或者擔心她們是否會在背地裡說些什麼，一邊想著我的孩子又沒有做壞事……卻還是開口說道：

「○○，還不趕快把玩具還給人家！」

「要遵守順序！」

而當孩子將玩具交給對方之後，又會開口稱讚：

「哇，好棒喔～眞是個好孩子～」

我以前也這樣做過。

其實明明不想做這種事，但如果爲自己的孩子挺身而出，不知道會被其他媽媽在背後說些什麼。爲了要討好其他媽媽，只好稍微強迫一下自己的孩子……**我實在非常非常討厭自己居然會這麼想，覺得對孩子眞的非常抱歉，結果就是更加地煩躁**。

我也常聽來諮詢的媽媽們說，光是要接送孩子們去搭幼稚園娃娃車，就得在巴士站和其他媽媽們聊天談八卦，實在是非常痛苦，只好特地在離車站有些距離的地方就送走孩子。

就算是爲了要讓孩子出門玩耍，也因爲無法加入其他媽媽的圈子，結果開車把孩子帶到不會有鄰居媽媽出現的地方去，或者是特地讓孩子到比較遠的幼稚園去上課……和其他媽媽往來就覺得壓力很大的媽媽，其實眞的非常多。

因為自家孩子被人批評而受傷、生氣的媽媽

「前幾天幼稚園的老師竟然這樣告訴我，我打擊好大！」

來找我商量的媽媽們當中，有許多人因爲幼稚園、學校、補習班或才藝班的老師，又或者是媽媽朋友、婆婆等人對於自己孩子評價而感到非常受傷。**這是由於大家把這些評價直接連結到自己身上，因此被戳中了心靈深處的關係**。

其中一位媽媽在幼稚園與老師面談時，老師告訴她：「○○小朋友似乎完全不聽朋友說的話呢，妳在家裡沒有提醒過孩子嗎？」

於是她大受打擊。她雖然覺得應該只是自己的孩子比其他孩子來得強硬了些，但又馬上認爲**「是我的教育方式不好……」而開始覺得自責**，且回到家以後，據說馬上就把氣出在孩子身上，罵孩子：「你爲什麼要這樣！」

有非常多媽媽認爲，**「孩子是媽媽的成績單」**。

特別是在孩子還小的時候，那些穩重又溫柔的孩子就會被認爲是「因爲媽媽非常穩重吧」；相反地，自我主張強烈、堅持自己意見的孩子，就很容易被認爲

是：「爸媽太寵這孩子了，都不罵他。」「因爲母親有工作，孩子根本沒有感受到母愛。」然後這樣的偏見就會成爲謠言傳開來。

媽媽們對於這些評價，通常有兩種反應，一種是**覺得「這都是我的教育方式出了問題，害得孩子也被罵了」，然後變得非常消沉**。如果這類評價是出自和孩子感情不錯的朋友的媽媽口中說出，甚至導致兩個孩子被分開的話，就更會想「都是因爲我，害得這孩子的人生完蛋了。」

第二種則是**認爲「絕對不原諒那些批評我孩子的傢伙！」而對於老師或媽媽朋友等人的評價進入挑戰狀態**。

因爲非常在意批評自己孩子的人，不管去了哪裡、不管對方是誰，都會與對方鬥爭。之後雙方的關係也會非常理所當然的惡化，以我的客戶來說，這些媽媽最後都只能讓孩子離開那間補習班或才藝班。

不管是哪一種媽媽，只要能夠好好正視自己的「心理習慣」，育兒時應該就能更加放輕鬆了。

在捷運上或公園裡非常在意他人目光！

最近和年輕的媽媽談話，經常聽到她們說：「帶著孩子出門好痛苦。」她們非常害怕有人說她們什麼事，在外出的時候會比平常更加嚴厲叮嚀孩子，甚至到令人厭煩的地步。

我曾經聽一位媽媽這樣說——她帶著4歲孩子要回娘家，那是在距離大概10站左右的地方。她們上了捷運後，站在稍微擁擠的車廂中，爲了不要給周遭的人添麻煩，她非常努力的要讓孩子安靜。但在略略漫長的車程中，孩子一從車窗看到窗外的風景，就興奮的大喊：「媽媽，那是什麼？」

雖然也有些人面帶微笑的看著這一幕，但也有些人明顯露出了非常困擾的表情，甚至還有人瞪著她、語帶不屑說：「吵死了！」所以她在搭乘捷運的時候，就一直縮著身子，責罵孩子：「不可以這樣！你安靜點！」

從那次以後，她就更加害怕他人目光，深怕又有人會責備她什麼事，所以她幾乎不再自己一個人帶孩子出門。

這裡我希望大家注意的是，以她的情況來說，她完全無視「自己想要怎麼做」「自己的感受如何」，而是**以「他人會如何看我」來決定自己的行動**。

「爲了不給周遭的人們添麻煩、以自己的方式非常努力的我」以及「因爲有人責備而非常害怕又悲傷的我」……她否定了自己的一切並且感到自責。

像這樣**「不想被別人討厭」「不想被別人責備」等，完全受制於他人目光之下的媽媽**，眞的非常多。

但是繼續這樣下去的話，永遠都只能受控於別人的反應，才能決定自己的一舉一動，對吧？所以這種情況下，最重要的就是先詢問自己的心：

「我眞正想採取的行動是什麼？」

「我感受到了什麼？」

世人的目光就是爸媽的目光

所謂「世人的目光」，對我們來說其實就是「爸媽的目光」。因爲我們從小時候起，就是看著爸媽的生存方式以及思考方式長大的，所以這是理所當然。

大多數人都會這麼想，而我也是從開始育兒後，特別會**自然的想著「我要有**

個媽媽的樣子才行」。

媽媽不管發生了什麼事，都把孩子和孩子的爸放在優先地位，把自己拋在腦後；比任何人都早起，幫一家人做早餐、帶便當，做打掃和洗衣服這類家事；不管是多麼忙碌的日子，也絕對不會違逆爸爸說的話，她總是非常努力……

但是相反的，**也有「我絕對不要成爲那樣的媽媽！」的念頭**。在我還是孩子的時候，因爲覺得媽媽比較重視其他孩子而感到非常悲傷，一旦我開始扭扭捏捏，就會被說「要和○○一樣開朗啊！」這樣被拿去和其他人比較。

其實這類**自己在孩童時期看著父母感受到的事，正大大影響著現在的我們在育兒方面遇到的煩惱**。

另外，**許多父母所描繪出的「好孩子」樣貌，基本上也是以自己孩童時期的思考方式作爲基礎**。爸媽的價值觀會與孩子產生連鎖，也就是說，如果小時候一直被父母告知：

「開朗的孩子才是好孩子。」

「朋友多的孩子，才是好孩子。」
「不強烈主張自己、配合周遭的人，才是好孩子。」

那麼孩子自然就會認爲那樣才正確，將來自己有了孩子以後，也會和爸媽做一樣的事。

而相反地，因爲被強硬灌輸價値觀而覺得非常痛苦的人，則多半會把爸媽當成負面教材，反而想著要成爲比自己爸媽還要稱職的父母：

「就算你是很陰沉的孩子，我也會認爲你是好孩子的！」
「就算你朋友很少，我也會告訴你這樣沒關係！」
「即使你強烈主張自我，我也會認爲你是好孩子！」

因此下意識的刻意希望孩子維持在「陰暗」「沒什麼朋友」的狀況下。

也就是說，**這些爸媽正是被自己對父母的反抗之心而衍生出的價値觀綁死**

了。

不管是認爲「必須和爸媽的價值觀相同」，還是想著「絕對不能和爸媽的價值觀一樣」，兩者都是心中有所偏頗的狀態。要轉變爲「不管是哪樣都行啊～」這樣平和的狀態，你的心才會感到自由。爲了要讓感到受困的心靈能夠獲得舒緩，還請試著做一下之後的課題練習。

類型②夫妻一起育兒卻不順利

我們是這樣的爸爸媽媽，真是抱歉

為什麼你不懂我的心情!?

爲了要順利育兒，和老公的互助合作是非常重要的。但是，卻有許多媽媽告訴我：

「雖然想要兩個人一起帶小孩，卻沒辦法拜託老公。」

「無法向老公說『幫我一下』。」

尤其是對於全職家庭主婦來說，畢竟老公在外工作、用薪水養活一家人，所以很容易一心想著「育兒就是我應該負責的」。

如果是老公必須要工作的日子，那就沒辦法了。但是到了休假日，心中會忍不住一邊想著：

「畢竟他在外工作也很辛苦，還是得讓他休息才行。」

「只要我自己好好做，就不需要麻煩他了。」

但另一個念頭又會強烈浮現：

「我平常也都是自己一個人在顧小孩，至少休假日你也該幫忙我一下吧！」

卻又無法把這話說出口甚至還想告訴他：

「我連這種話都說不出口，你也該察覺一下吧！」

但當然這也是說不出口的。

所以為了要讓丈夫察覺這件事，就連洗個碗盤都試著故意鏗鏗鏘鏘地發出很大的聲響、在家裡啪噠啪噠地走來走去，展現出自己非常忙碌的樣子……

但對方還是沒有注意到，所以這樣的情緒漸漸累積，終究會大爆炸：**「為什麼你都沒發現啊！」**

這份怒氣如果出在丈夫身上也就罷了，但因為不想被老公討厭、或是辦不到這點，因為非常害怕被拋棄而無法爆發，在老公面前會盡量展現出一副「好老婆」的樣子，但相對地，就會有一些人是因此而對於孩子感到煩躁、結果把氣出在孩子身上的。

她們抱著「害怕被拋棄的不安」。要是能向老公撒嬌、什麼話都能說的話，就會非常輕鬆了，但卻說不出口，於是變得非常苦悶。

對於這些媽媽來說，有時候甚至老公不在家還比較好。因爲從一開始就不需要期待什麼，反而比較輕鬆。

尤其是到了休假日，明明和老公在一起，卻陷入了「他一點都不了解我的心情！」的困境中，反而更加感到「孤獨」。

拜託老公的時候，總是憤怒到無以復加

前述例子中的媽媽，有些人忍耐到了極限，最終還是會將怒火轉向不幫忙照顧孩子的老公身上。

希望老公幫忙顧孩子的時候，其實還是會**下意識的責備自己**：

「他明明在外面工作已經很累了，我卻還要叫他幫忙，眞是不好意思。」

「都是因爲我不夠努力，才給他添了麻煩，眞是對不起他。」

結果總覺得自己也會被對方責備，由於害怕而採取了先聲奪人的舉動。所以下定決心要老公幫忙的時候，這些話就很容易憤怒地脫口而出：

「你去做這個啦！」

「我平常也都一個人、很辛苦的啊！你爲什麼都不會留心一下啊？」

「你爲什麼都不懂我啊!?」

其實只是沒辦法老實的請他幫忙而已。

明明只要稀鬆平常地說：「我現在有點忙不過來，可以請你做一下嗎？」

但**因爲心存罪惡感，所以無法隨意開口拜託對方**，只是一直在心裡想著「眞希望他能幫忙」，最後衝破忍耐極限，情緒爆炸了之後就很容易演變成憤怒。

「你爲什麼不幫我做？」

「爲什麼？」

這樣，簡直就像是老公的錯一樣，**脫口而出的話語就是在責備老公「居然沒有注意到這種事，是你不好」**，很容易引起夫妻吵架。

類型③很在意缺點

你惹人厭的地方與我如此相像，真是抱歉

簡直就像是在看著討人厭的自己

當我的孩子在上幼稚園的時候，有一天她似乎是因爲被朋友們排擠了，早上忽然說：「我不想去幼稚園，我要休假！」

從那天起，孩子就三天兩頭的不去幼稚園。

原本我身爲一位母親，應該要溫柔的接受孩子的想法對吧？但那時候的我，實在無論如何都做不到這點……

她那因爲被人霸凌、觀察周遭他人臉色、畏畏縮縮的樣子，簡直就像是我自己無法打入人群的翻版，**這就像是在責備著惹人厭的我、責備著我討厭的自己一樣**，所以我忍不住吼她：

「爲什麼妳不會罵回去啊!!」

甚至乘勝追擊、簡直就是霸凌她一般地罵著：

「妳爲什麼不會自己加入他們！」

「妳爲什麼總是這個樣子！」

這其實是**對於自己無法辦到而產生的憤怒找不到發洩的出口，只好轉嫁到孩子的身上**。

對於自己的某個部分非常討厭，並且擔心孩子也會變成那樣。因爲太過害怕，所以變得非常不講道理、毛毛躁躁……當時的我，內心充滿了這種無處發洩的怒氣。

這孩子的人格成形時間就快要結束了！

大多數的媽媽，大概都希望孩子能擁有父母親的優點吧。當我生孩子的時候，也是在心中祈禱：

「希望孩子能像爸爸一樣，是個穩重又溫柔的人！」

但是，孩子長得越大，就越任性、又會窺看他人臉色，看起來就像是越來越像自己討人厭的樣子。身為父母也不禁心想：

「這孩子繼續成長下去，會怎樣呢？」

「越來越像我惹人厭的樣子了！」

這種時候，如果母親又被告知：

「據說小孩子的腦部到9歲才會發育完成，所以在那之前，都要給予他充分的愛才行。」

這就更加讓人焦急了，畢竟日文中也有一句俗話說：「三歲的孩子個性會維持到百歲。」

如果我繼續這樣養育孩子，這孩子將來會變得如何呢？

身為母親的我本人如果不想點辦法，一切都將無法挽回啊！

當時的我如此想著，心中感到不安、恐怖以及焦慮。

類型④不疼愛哥哥或姊姊

我老是罵哥哥姊姊，真是抱歉

為什麼我老是對年長的孩子生氣？

「我無論如何就是會一直罵哥哥／姊姊。」這對於許多媽媽來說，也是非常重大的煩惱。

對於年長的孩子，妳是否也會幾乎每天都對著他說：

「妳明明是姊姊，怎麼不懂得疼愛弟弟呢？」

「你是哥哥，要更加可靠一點啊！」

雖然有點突然，但是我要問妳一個問題。**妳自己是姊姊嗎？或者妳是有哥哥姊姊的妹妹呢？**

——回答「我是姊姊」的媽媽。妳在小的時候，是不是爲了幫忙母親照顧非常麻煩的弟妹，而盡力做自己能做的事，被父母期待著：「妳是姊姊啊！」而必須非常堅強、一點都不能任性，所以非常忍耐著在努力？

對於孩子來說，看見弟弟或妹妹和爸媽撒嬌，雖然心中想著覺得弟妹「好好喔，眞狡猾。」也還是努力扮演一個好孩子的角色。

所以，一旦自己有了孩子，見到年長的孩子忍耐力不足，就忍不住會想著：

「當年我身爲姊姊（哥哥），可是那麼努力的呢。」
「妳也是姊姊（哥哥），應該要更加努力回應我的期待啊！」

正因爲媽媽**自己**心中隱約有注意到這件事，所以忍不住對於「我老是對著姊姊發脾氣，眞抱歉」而有罪惡感，其實是對於自己感到生氣。

——接下來是那些回答「我是妹妹」的媽媽們。妳是否看著被爸爸或媽媽責罵也還是非常努力的哥哥或姊姊，很自然地就覺得「哥哥姊姊就是應該要如此堅強」「我得好好努力、不能像哥哥姊姊那樣被罵」，然後抱持著這種想法長大成人呢？關於這點，弟妹是非常「擅長」的。

所以即使**爲人父母之後，也還是有著「兄姊必須要非常堅強」的既定印象**，很容易就對孩子發怒說：「妳是姊姊，所以要堅強點啊！」

像這樣仍然**維持在自己孩童時期身爲弟妹立場的角度**，執著地要求孩子「你明明是哥哥，爲什麼不疼愛妹妹！」然後回顧自己的做法時，卻又覺得：「我只對哥哥姊姊發怒，這樣不行啊！」而感受到罪惡感。

但是，多數人都是像我這個樣子，有著會讓自己抱持罪惡感、更加複雜的理由，舉例來說我在孩童時期，比我年長的姊姊對我說：「妳眞的非常任性。」我那時覺得姊姊很可怕，但其實這個想法是針對母親，希望**「她能保護我不受這樣的姊姊欺負」**。

而這種念頭就投射到了自己的孩子身上，忍不住期待她「因爲妳是姊姊，要對弟弟妹妹溫柔才行！」

然後又對這樣的自己抱有罪惡感。

不要再吵架了！

當孩子們進入暑假等長期休假，媽媽頭痛的原因正是幾乎每天從早到晚都會反覆發生的兄弟姊妹吵架。

正在想他們很和睦呢，忽然又開始大鬧起來；原本還兩個人黏在一起呢，忽然又有人哀哀叫。看到一天到晚都在吵架的兄弟姊妹，忍不住每次都會怒吼：

「要我說幾次才懂！不要再吵架了！」

也有些媽媽會非常不安，心想：

「爲何孩子們會一直吵架呢？」

當我的孩子們還小的時候，也是吵架從沒停過。這樣一來，我老是光顧著責罵姊姊。

有一天，由於姊姊開始學習鋼琴，而她終於習慣右手彈琴之後，接下來就要加入左手一起彈琴的練習了，而我竟脫口說出這樣的話。

「因爲太過在意左手，結果完全沒在看右手呢～總覺得就像是寶寶出生之後一直忙於照顧寶寶，好像根本沒在照顧姊姊呢～」

……唔喔！沒有錯。也許我說話的當下，並沒有那麼清楚地知道自己說了什麼，但其實這正是我在詢問自己：

「我眞的有好好的看著這個孩子嗎？」

「我是不是只顧著要求這個孩子成爲我期待的好孩子？」

明明兄弟姊妹吵架，應該兩邊都要責罵，但我就是忍不住，總是非常偏心的要求兄姊：

「應該要對弟妹溫柔。」

「無法禮讓弟妹的孩子，是不貼心的孩子。」

我終於注意到這一點。

雖然我有正視孩子們吵架這個問題，但如果我沒有注意自己的心態……這是我猛然驚醒的一瞬間。

類型⑤希望如己所願

我總是在監視你，真是抱歉

總是忍不住控制孩子的我，很糟糕吧？

以前我和來參加講座的媽媽聊天時，曾提到女兒喜歡的人的話題，聊得非常熱烈。這個話題，身爲母親果然是非常在意的。

對方的女兒是小學四年級的學生。對於媽媽來說，其實原本就覺得：「應該有喜歡的人之類的，也沒關係吧？」

而最近，她的女兒終於告訴她：「我喜歡○○同學，不要告訴爸爸喔。」

對她來說，雖然心中想著：「要是對方是個不在我期望範圍內的男孩子該怎麼辦啊!?」但聽見那孩子的名字，還是馬上論斷：「噢，這個男生的話沒問題。」

似乎還回答女兒：「嗯嗯，如果是○○同學的話就沒問題。」

在認爲「既然選擇的是那個孩子，那表示我女兒也還挺有品味的」而安下心來的同時，似乎也打算萬一不是自己喜歡的孩子，那麼就會說出「那孩子不太好呢～」這種**會牢牢綁住女兒**、**控制她**的話語。

女兒現在還是小學生，也許比較沒有大礙，但等她長大進了國中、高中，也許媽媽會想要控制得更爲嚴格。

對這位媽媽來說，這種事實在太丟臉了，**無法向鄰近的媽媽朋友們訴說，而且「我對於自己會這樣想，眞的覺得很討厭！」**這種話她也告訴我了。

確實如此，身爲一位母親，我非常能夠理解這種想法。

在此我順便提一下孩子的朋友關係。

舉例來說，如果那位朋友的媽媽給人的感覺非常好、又或者是好人家的孩子，媽媽就會開口說出：「噢，那孩子不錯呢，妳可以和他交朋友看看啊。」但如果對方的媽媽和自己感情並不是很好、又或者那是大家口中不太好的人家的孩子，就很容易脫口說出：

「妳跟那孩子感情好嗎？」

「最好不要～」

就像這樣，會忍不住就會想要控制孩子……

明明自己在看電視的時候，看到那種爸媽反對孩子結婚的劇情，就會說：「父母也太過分了！」但如果是自己的孩子發生這種事，卻連朋友或喜歡的對象都想操控。

雖然我希望孩子能去考試

幾乎所有的媽媽，從孩子們出生的那一刻起，就打從心底祈禱著「只要能夠健健康康長大成人就好」，對吧？

但是隨著孩子日漸成長，又忍不住想著：

「希望孩子在進了社會之後，能夠成爲獨立自主生活的人。」

「希望孩子能好好賺錢、成爲一個有用的人。」

結果從念幼稚園起，就爲了能讓孩子照著自己所想的進好學校、好大學、好公司，而讓孩子去補習班、或是找家教，這樣努力的媽媽眞的非常常見。

孩子不和朋友們玩耍，和家人相處的時間也被削減，補習到很晚或者在家裡拚命念書。

如果孩子們也挺樂在其中，那麼媽媽也會覺得「這樣也沒關係！」的話，那就沒有什麼問題。但實際上，媽媽們總是會非常不安地想著：

「有必要做到這麼徹底嗎？」

「孩子看起來很辛苦，這樣沒關係嗎？」

與其就這樣抱持著罪惡感讓孩子前往參加升學考試，還不如稍微停下腳步，面對自己的內心可能會比較好。

其實這樣的媽媽眞的非常多，尤其如果是面對女兒，似乎也有**很多人會把自己孩童時期無法實現的夢想託付給孩子**。

「如果爸媽能稍微關心我念書的事、給我去比較好的學校的機會，那麼我現在應該就能做自己喜歡的事了！」

「我的人生應該更加閃閃發亮才是！」

心中這樣想著，然後把爸媽沒能為自己做的事，託付在孩子的身上。

尤其對於女兒來說，不僅僅是念書的事。

因爲是女孩子，就把她打扮得漂漂亮亮；爲了提高她的教養程度、讓儀態變得更好，盡量送她去學鋼琴或芭蕾舞這類才藝。

就算是不會對孩子說「妳去給我做這個」，也不會對孩子發怒，表面上似乎什麼問題也沒有的「好媽媽」，只要她心中有這種**「孩子是爸媽的成績單」**的想法就很糟糕。如果考試的成績不夠好，就很容易顯現出這樣的態度：

「應該能考好的啊，爲什麼沒考好？」

「爲什麼沒有先預習好這個？」

還有當孩子原先也說非常想學的才藝，如果翹課了，媽媽心中也會出現這樣的想法。媽媽**明明很努力要讓孩子知道自己非常愛他**，但看見孩子無法回應自己的期待，總覺得心上被刺了一刀，於是會變得非常煩躁。

另外，對於孩子的教育非常不安的媽媽，還有一種是非常害怕被老公指責：

「因爲妳沒有好好的教孩子，他才會變成這樣的！」而努力的要讓孩子念書。

也就是說，這種人大多是有著**「不想被老公討厭」「不想被拋棄」**這種**「被**

捨棄的不安感」，所以才會如此拚命。

在【夫妻一起育兒卻不順利】的章節中也有提到，以這種情況來說，無法向老公撒嬌、沒辦法說出眞心話，也是造成媽媽對於孩子抱有罪惡感的「苦悶」原因。

妳是把自己的夢想託付給孩子的媽媽？還是不安於會被拋棄的媽媽？

類型⑥無法控制自己的情緒

我是過於憤怒的媽媽，真是抱歉

拿「我很累啊！」當藉口，對孩子亂發脾氣

媽媽們是否都非常努力，要將自己的愛盡量傳達給孩子們呢？但有時候如果太過火了，反而會發生本末倒置的狀況。

決心自己一個人照顧孩子、做家事等，於是**無法向任何人說出「幫幫我！」而努力做下去、拚命到超過自己的極限**，結果因爲太過勉強，累積在心中的煩躁感及怒氣，在某個時候就會「碰！」地大爆炸，波及就在身邊的孩子……

「在我還是孩子的時候，我的媽媽也是一個人那樣努力過來的。」

「同時得要工作的媽媽朋友們都那麼努力了，身爲全職家庭主婦的我，不多加點油怎麼行呢？」

一邊拿自己與他人相比，一邊忍耐再忍耐，正因爲被這樣的想法綁死，結果就會轉變爲連自己都不敢相信的巨大怒氣，一次噴發出來。

情緒是會自己隨著情況不斷流洩出來的東西，因此就算想要抑制，也會變得無法控制。這樣一來，就很容易粗暴地對著孩子說：

「媽媽是爲了你才做這些事的啊！你爲什麼就是不懂啊!!」

「吵死了！我很累啊，你過去那邊！」

有時候甚至還會丟東西，演變成打孩子或踢孩子的情況。

這些乍看之下是非常特殊的行爲，但其實這個世界上，可是有多到數不清的媽媽會在心中不安的想著：**「我在做的這件事，對孩子來說該不會就是虐待吧？」**

來找我諮詢的人當中，也有非常多因爲自己會激烈責罵孩子、或是施以暴力的媽媽，心中感到非常害怕而問我：

「我會這麼煩躁，是不是不愛孩子呢……」

「這樣的我，是不是很糟糕的人？」

在演變成這種狀況以前，其實是可以向身邊的丈夫、母親，甚至專家求助，也請務必再回頭想想：

「爲什麼我無法向這些人說出『幫幫我！』呢？」

「爲什麼我會這樣一直忍耐呢？」

尿床治不好，都是我害的嗎？

我認識一位媽媽，她有兩個分別是小學一年級和一歲的女兒。她前些日子一臉抱著必死決心的表情前來，說：「我有個煩惱，希望妳能聽我說說。」

結果她告訴我：「大女兒始終無法治好尿床的毛病。」

據說大女兒幾乎每天晚上都會尿床，只好讓姊姊和她的嬰兒妹妹一樣包著紙尿布睡覺。每當看見小學一年級的孩子還硬是穿著紙尿布，由於尿布太緊似乎有些痛苦的樣子，她就有濃濃的罪惡感，想著：

「噢，都是因爲我的教育方式，才害得孩子這麼可憐。」

如果妹妹偶爾並沒有尿床，姊姊似乎還會脫口而出：「眞好，她會比我早脫掉尿布吧。」

聽到這話的媽媽心中就更加痛苦，這種情況經常上演。

她似乎有找以前照顧過她的接生員商量，對方卻告訴她：「可能是她還想要撒嬌，所以心裡還想當個小嬰兒吧？」這樣一來，媽媽就更加責備自己：「是我沒有讓她在嬰兒時期好好撒嬌，都是因爲我的教育方式不好！」

除了罪惡感以外，煩躁感更是迅速加深，終於責罵了姊姊：「妳爲什麼要尿床！妳夠了沒有!!」還很用力的打了孩子的屁股。

像這種案例中，媽媽對於眼前的「問題」採取什麼樣的態度，會使媽媽自己對待孩子的態度大不相同。如果孩子尿床了，就一臉平常、開朗地對孩子說：「唉呀～你的膀胱比較虛弱吧，希望能早點治好喔～」這還沒什麼問題。

如果媽媽拚命想著：「都是我教得不好，治不好都是我的錯！」**把孩子的症狀拿來責備自己，那麼問題就會更大**。當中也有些人會因爲無法控制情緒，結果開始使用語言暴力或肢體暴力。

這種時候最重要的，還是媽媽要自己發現心中那份不必要的罪惡感。這樣一來，對於「問題」的觀點就會有所改變。

類型⑦無法愛小孩

我就是沒有辦法疼愛孩子，真是抱歉

和孩子獨處非常痛苦

這種媽媽，是前述【無法控制自己的情緒】中也提到過的類型。

由於覺得自己一定會變成「對孩子太過於憤怒的我」「和孩子在一起就非常煩躁的我」，所以**選擇不要和孩子在一起**。

在現實生活當中，如果是有工作的人，會縮短產假的時間，將孩子交給自己的爸媽或育幼院，然後回到職場上，把工作當成了逃難的場所。

但是，無法工作或找不到工作的人，就會想著：「不要由我來養孩子會比較好吧。」

其中，甚至有些媽媽會思考起離婚的問題，因爲她們心中想著，與其讓自己

來養育，不如將孩子交給老公或公婆來照顧，

「這孩子才能正常的長大吧。」

如果這樣也辦不到，那麼就算回到家裡，孩子說：「媽媽，跟我玩！」來懇求，或者說出「媽咪我好寂寞」，也會回以：「我現在很忙！」然後逃去做家事，甚至說出「你很重我抱不動」這種話來避免肢體接觸，假裝沒看到孩子、無視孩子……**像這樣被逼到盡頭、無處可退的人，其實真的非常多**。

會無視他就是因為有愛？

到我這裡來商量的人，雖然沒有嚴重到放棄育兒，但有好幾位是就只差一步了，她們非常努力的讓自己遠離孩子。

但仔細聽過她們說的話以後，就知道其實她們是抱著「不希望孩子因為和我扯上關係，而受到傷害！」的心情，所以試圖麻痺自己，用無視孩子的方法來保護他們。

但是，幾乎所有的媽媽都認爲「無視孩子實在非常惡劣」，所以一心認爲自己沒有好好保護孩子、不陪孩子在一起，這樣就是「因爲不愛孩子」。

我希望大家能自己注意到：**如果是想著「不希望因爲過於憤怒，而讓自己的孩子受到更大的苦楚」，也許這並不是非常理想的愛的形式，但卻是那位媽媽的愛。**

另外，只要注意到「我也是對孩子有愛的！」這點，應該就會發現自己其實擁有先前根本沒發現到的，那份父母之愛。

從第二章開始，讓我們準備來「尋寶」吧！找出實際隱藏在自己內心深處，那「充滿愛的自我」「被愛的自我」等「眞正的自己」！

第一章　總結

會認為「對不起，我不是好媽媽」，以及對於孩子抱持罪惡感的媽媽，分為以下這七種類型：

「在意他人目光」
「夫妻一起育兒卻不順利」
「很在意（孩子）缺點」
「不疼愛哥哥或姊姊」
「希望（孩子）如己所願」
「無法控制自己的情緒」
「無法愛小孩」

第二章

為什麼會覺得「我是這種媽媽，真是抱歉」呢？

——了解妳的心理習慣——

生了孩子以後才認識的自我

「自己的孩子，當然是非常可愛的啊。」

出生以前聽許多媽媽說「我的孩子比較特別！」「孩子是我的心頭肉！」等，所以很多人也深信如此，然後生下了孩子吧？

沒想到實際上把孩子生下來以後，卻並沒有這種感覺，於是感到非常困惑：

「咦？怎麼好像不太一樣？」

我在前面提到了七種類型的媽媽，**所有人都是這樣的，她們非常驚訝：「我居然不覺得自己的孩子可愛，怎麼會這樣呢？」**

實際上，不覺得孩子可愛的媽媽，可是多到數也數不清，但**因爲大家都沒把這件事說出口，所以自己也說不出口**，只能獨自懷抱著這樣的心思，讓自己更加痛苦。

「我還會覺得其他人的孩子可愛呢，可是爲什麼就無法疼愛自己的孩子？」

就連身爲育兒專家的幼稚園或小學老師，也有許多媽媽仍然這麼想，因而非常痛苦。但是，其實這種困惑是很常見的。

一旦生了孩子，從未見過的自我便會現身，而那正是「有了孩子以後初次相遇的自我」。

並不是妳特別奇怪

有些案例是【無法愛小孩】的媽媽，她們無法和小孩在一起。

另外，來找我諮詢的人中，有人光是看到孩子的面孔就會有一股憤怒湧上心頭、碰到孩子便冒出一股噁心感。明明是自己的孩子，但心中卻有著萬千糾葛。

但正因如此，所以會覺得「自己很奇怪」。其他類型的媽媽也是這樣的。

「我到底是怎麼一回事？」

「在孩子出生以前，我從來沒有這麼憤怒過的呀……」

因爲有那種**原因不明的情緒及強烈憤怒襲上心頭，所以會非常不安、極度害怕自己**，對吧？

但我想告訴大家：「**並不是妳特別奇怪！**」

連妳自己都無法壓抑的煩躁、憤怒以及不安，是其來有自的。只要能明白這點，妳的育兒狀況一定會有所改變！

孩子是映照出媽媽的鏡子

無法疼愛孩子的理由……那就是，因為媽媽不喜歡自己。

無法愛孩子，也是因為媽媽不愛自己。

以【很在意缺點】媽媽為代表，如果自己內心有許多厭惡自我的理由，那麼就會自動在孩子身上找出一樣的情況，因此就不覺得孩子可愛了。

那正是因為，**孩子是映照出媽媽的鏡子**。

如果在孩子身上看到自我厭惡的缺點，就像是在責罵自己那樣，忍不住斥責孩子：

「為什麼要做那種事！」

「為什麼連這種事都做不好！」

即使是同一個孩子，爸爸覺得這些事沒有什麼關係，**媽媽本人卻會透過「這樣子不行」的濾鏡看孩子**，因此對於這些事有特別強烈的感受，而想著「噢，要改進這孩子的缺點才行！」

妨礙妳育兒的是心理習慣

每個人都有自己的「心理習慣」。

當慣用右手的人打算吃飯的時候，如果眼前擺著筷子，一定會毫不猶豫地伸出右手對吧？

就像是這種情況，每個人都有自己的「習慣」，對於某些事的反應是非常自動的。舉例來說，當孩子不停地哭泣的時候，有的人會想著：「噢，○○不喜歡△△呢。」「這孩子很難過吧。」而自然接受孩子在哭泣的事。

但是也有人會覺得：「都是我害孩子哭到停不下來。」這種人很容易自動產生自責的反應。

七種不同育兒煩惱類型的媽媽，會對孩子抱有罪惡感，正是因爲心理習慣造成的。

也就是說，她們總是想著：

「我這樣是不行的。」

「我討厭這樣的自己。」

「我這樣子太丟臉了。」

她們**有著否定自我的心理習慣，因此才會有育兒的煩惱**。

七種類型媽媽的心理習慣

在此，我們針對有著育兒煩惱的七種類型媽媽，簡單的說明一下。還請一邊核對「我的心理習慣，是否就是這個樣子？」一邊往下讀。

類型1

在意他人目光

以此類型來說，**大致上有著「我得回應對方的期待才行！」「展現眞實的自我很容易惹人討厭」這類心理習慣**。

不管對象是媽媽朋友、或者是父母公婆，妳眞的非常努力配合整個社會，想著「得照大家期望來養大孩子才行」「要讓孩子不會惹人討厭才行」。

但其實，你不可能回應所有見過面的人的期望，反而容易因爲太過於在意他人目光而時常膽戰心驚，最後搞得身心俱疲。

因爲不斷地配合他人，甚至可能已經搞不懂眞正的自己。出門在外就一直身心緊繃，只有回到家中才能夠放鬆。所以內心的煩躁，就很容易往立場較弱的孩子身上發洩。

另外，在第一章也有提到，有些媽媽由於對「他人對自己孩子的評價」會有過度的反應，因此而不得不挺身抗爭。

舉例來說，如果孩子才藝班的老師稍微提醒了什麼事，這種媽媽就會立刻抗議：「我的孩子沒有錯！」「老師你太過分了！」結果和老師的關係惡化，只好一直更換才藝班。

以這種情況來說，通常是媽媽自己在小時候曾經體會過因爲被某個人警告、或甚至是被責罵，而覺得非常難過的時候，爸媽竟然沒有保護自己。

由於下意識地將自己和孩子重疊在一起，所以內心那個「反正沒有人會幫助我！」的「舊傷」開始抽痛，**導致媽媽「爲了不要受傷」，所以心靈在一開始就進入戰鬥模式的這種心理習慣**。

類型2 夫妻一起育兒卻不順利

這個類型的媽媽，通常都有著**「反正我根本幫不上忙」「我一點價值也沒有」這樣的心理習慣**。

尤其是全職家庭主婦的媽媽，內心裡都有著「畢竟我沒有在賺錢，所以我至少得要能做家事和照顧孩子才行！」「自己只是個靠老公養的人，實在很抱歉」這種負面心情和罪惡感。內心某個角落總是想著，相較於在外工作的老公，自己的立場眞的非常站不住腳，所以其實在內心祈禱，想和老公一起育兒，卻又實在說不出口，結果只能自己努力。

這種類型的媽媽，**自我否定到最後，就是抱持著「如果幫不上任何忙，一定會被拋棄的吧。」這種非常害怕被老公「就此拋棄的不安」**的心理習慣。

類型3　很在意缺點

這種類型的媽媽，**越是想著自己惹人厭的地方「很糟糕」，就越容易在孩子身上看到一模一樣的問題**。

舉例來說，媽媽如果有著**「我不擅長加入大家」「反正我很容易變成孤伶伶的」這類心理習慣**，那麼在意的事就會都是「那孩子在學校有好好和朋友玩耍嗎？」「離開學校回家以後，有沒有能一起玩耍的朋友？」這類事。

因此，當孩子一回家，就會想弄清楚孩子在學校發生了哪些事，追根究柢的程度簡直像是審問犯人一樣。一旦知道孩子並沒有和朋友約好要去玩，就會給予各種建議，好讓他能夠交到朋友……

會採取這種行動的理由，正是由於**「我不希望孩子變成和我一樣不擅與人交**

往！」「我不希望孩子和我一樣孤伶伶的，覺得非常寂寞啊!!」這其實是媽媽自己的「恐懼」。

正因爲是自己討厭的特質，所以一旦在孩子身上發現的時候，就特別容易放大檢視吧。而這件事還會造成「都是因爲這孩子和我這麼像！」這種自我責備的材料，結果怒氣便發往孩子身上——正是這樣的心理習慣。

類型4　不疼愛哥哥或姊姊

這個類型當中，本身是姊姊的媽媽，大多有著**「我必須非常可靠才行」「我不能說任性的話」「總之我就是都得忍耐一切的那個人」這種心理習慣**，所以自己的孩子當遇到事情時，就會想著：「我以前可是那樣努力地忍耐過來了呢，你爲什麼就不能忍忍呢？」而很容易對哥哥或姊姊產生煩躁感。

因爲會將自己孩提時代忍受的事與眼前的孩子聯想在一起，於是對於孩子嚴厲的態度，就像自己曾經遭受的對待。

另一方面，自己若是妹妹，在**孩童時期就會在內心描繪出「其實我好想要那樣的哥哥／姊姊」這種，想像出理想中的哥哥或姊姊，然後希望自己的孩子能夠符合這個理想**。

另外，如果還想著**當年父母親竟然沒有保護自己不受那個強悍的哥哥或姊姊傷害，那也會成爲心理習慣**。在內心吶喊著「媽媽，請妳保護我不被可怕的哥哥姊姊傷害啊！」然後希望自己的孩子能夠實現這個願望。

這些自己還是孩子時，希望母親能爲自己做的事，也就是保護弟弟妹妹、但對哥哥姊姊嚴厲，變成這些媽媽現在爲自己的孩子做的事。

類型5 希望如己所願

媽媽爲何會希望孩子能夠照自己所想的成長？這是因爲不想承認「眞實的孩子樣貌」，對吧？如果無法照自己所想的控制一切，眞的非常可怕。

這種人內心潛藏著什麼樣的心理習慣呢？就是**媽媽自己深信「眞正的我、這個什麼都辦不到的我，根本沒有人會接受」「我是不可以自由自在的人」**。

舉例來說，那些不讓孩子好好做功課就覺得心裡不舒服的媽媽，是因爲心裡想著「沒做好的話，孩子會被老師討厭吧」「要是被認爲我是不會好好盯孩子功課的媽媽，那實在太可怕了！」這樣下意識地生出了害怕的情感。

因此，就很容易一直碎唸「快點做功課！」「你還沒寫好嗎!?」去引導孩子寫作業。

這是因爲**媽媽自己無法原諒那個沒有好好做完事的自己、以及自由自在的自己，也就是「眞實的自我」，所以才想將孩子放進理想的框架之中，希望能好好控制孩子**。

類型6　無法控制自己的情緒

提到無法控制情緒，大部分的人應該腦中馬上會浮現「明明不想生氣，卻無法停止發怒」或是「就像瞬間煮沸的水那樣，強烈的憤怒忽然一股腦湧上的狀態」這樣的情境吧。

這個類型的媽媽，通常都有著**深信這個狀態下的自己是「無法控制情緒、像個孩子般的傢伙」「不懂得忍耐的傢伙」的心理習慣**。

但其實，感情的「結構」和這種思考模式是相反的。**正因爲平常過於忍耐，**

所以才會冒出連自己都無法控制的情緒。

簡單來說，感情有「悲傷」「寂寞」「害怕」等原始情緒，以及之後才會出現的「憤怒」這種次級情緒。**這種類型的人，大多有著平常就一直壓抑「悲傷」「寂寞」「害怕」等原始情緒的心理習慣**（關於這部分會在90頁詳述）。

如果一個人從小只要一感到悲傷就會被父母告知：「不要再哭了！」又或者感到寂寞的時候，就會被罵「不要撒嬌！」久而久之就會認爲「我不可以把悲傷、寂寞這些情緒表現出來」，而在自己的情緒前踩了剎車。

這樣一來，**這些原始情緒就會不斷在心中累積，最後成爲次級情緒「憤怒」，而且一股腦地湧現出來**。

這種類型的媽媽，會責備「明明不想生氣卻發怒的自己」，然後更加忍耐自己的原始情緒，導致次級情緒會再次爆發，一直重複這樣的循環。

類型7　無法愛小孩

在第一章也有舉例，就是那些說「明明是我的孩子，卻不覺得可愛」「被孩子一碰就心生厭惡」「無法擁抱孩子」的媽媽們，想必是對於自己成爲擁有孩子的母親這件事，感到非常困惑吧。

但是對於這樣的自己，卻又**老是想著「我是個沒有母愛、非常糟糕的母親」「我這種人實在太奇怪了」「太糟糕了！」強烈責備著自己。且由於覺得自己這樣實在是太可怕了，完全無法開口告訴丈夫或其他媽媽朋友，只能獨自不斷責備自己**。

請妳明白自己會有這種心理習慣的原因，這樣一定就能好好愛自己了。

妳是想當個好孩子，對吧？

怎麼樣？看見這些苦於育兒煩惱的媽媽的傾向，我想大家應該都很明白了，共通點就是**有著否定自己的心理習慣**。

那麼，那種負面的心理習慣，到底是如何養成的呢？

所有人的內心都有著兩面性質，如果有個身爲好孩子的自己，那麼必定也有個身爲壞孩子的自我；有個溫柔又和氣的自我，那麼也會有個冷酷又容易發怒的自我；有能夠好好認眞做事的自己，同時也會有非常隨興、不上不下的自己；有能力很強的自己、也有什麼事都做不好的自己。人不管是好是壞，通常是兼具兩種傾向。

但是這個世界上有許多人，**認爲自己必須溫柔又和氣、什麼事都會做，否則無法獲得他人肯定**。所以大家都會拚命地想要展現自己的優點。

畢竟優點會被他人稱讚，**如果洩漏了缺點，那麼就會被討厭、惹人生氣，所以必須捨棄這些壞處，努力強化那些能夠讓人稱讚「這樣不錯呢」的部分**。

正是**因爲有這樣的「內心偏頗」，以否定的態度看待自己，所以就很容易染上老想著「這樣是不行的」**心理習慣。

真正獲得自信的方式

要讓妳對自己有自信，妳是不是覺得：

「要能做到些什麼。」

「取得證照。」

「當個好人。」

這些事如果辦到了，就能夠擁有自信嗎？以前的我也是這麼想的。

那個時候我老想著：「我要拿到看護師的資格做相關的工作、當個更好的母親、想再瘦一點……」像這樣，如果能夠做到一些可以受人稱讚的事，我應該會有自信的！

但是，就算是完成的那瞬間覺得好像有自信了，只要有人做得比自己更好，馬上就覺得「我這樣不行！」然後又失去了自信，甚至更加消沉，就這樣反反覆覆……

其實，只要試著將「很遜的自己」「惹人厭的自己」「很丟臉的自己」「感受到負面情緒的自己」都顯露在外，每天重複練習讓自己認同這些事，這樣一來就會因爲認可自己具備著雙面性，而知道以前的做法是錯誤的。

我發現明明是想要給自己自信，但從前的我根本就是在做相反的事。

所謂「給自己自信」，並不是要成爲一個「很棒的自我」或「能力很好的自

我」，而是要能夠認爲：「不管是『很遜的自己』『惹人厭的自己』『很丟臉的自己』、還是『感受到負面情緒的自己』，這些我都存在，毫無問題。」

我因爲這樣，才能夠想著：

「就算有事辦不到、就算有時候很沒用，這都沒有關係！」

「維持現在的我是沒有問題的！」

我終於能夠認同自己。

另外，也不會再想要控制孩子如己所願，不會因爲覺得「一定得要讓孩子會做才行」而拚了命地做些什麼。**如果能夠認同自己「原有的樣貌」，那麼也能夠認同孩子那「原有的樣貌」。**

不小心發了脾氣該如何處理？

那麼，接下來終於要展開讓妳**「認可現在的自己，然後也能認可孩子的母**

親！」的課程。

在此，我們就先以妳之前會逃避不面對的「負面情緒」爲主，來練習感受它。

首先，請回顧妳的憤怒來源：**「妳究竟希望孩子如何？」**

請準備好筆記本或便條紙，針對練習題上的問題，自由地寫下妳想到的所有答案。

課程1 消除無法遏止的怒氣及不安

【練習題①】

妳對於孩子什麼樣的行動，會感受到苦悶、煩躁、憤怒呢？（如果是**【夫妻一起育兒卻不順利】**類型的媽媽，請試著把丈夫代入孩子來回答練習題①到④。）

《例》窺看他人臉色。

無法溫和對待朋友。

自我主張過強。

很邋遢。

明明是哥哥或姊姊，卻一點都不可靠。

兄弟姊妹老是在吵架打架。

一直不寫功課。

明明是我的孩子，但和他在一起就老是讓我覺得煩躁。

孩子一靠過來我就渾身雞皮疙瘩。

看著孩子的臉就會想：「反正你比較喜歡爸爸，根本不喜歡我吧！」……等。

【練習題②】

如果不發怒、不責罵、也不要過於在意的話，孩子將來變成什麼樣的人，會讓妳覺得很害怕？

《例》無法說出自己想說的話。
意志薄弱。
很容易傷害他人。
無法努力向上。
任性妄爲。對人不親切。
非常邋遢。
無法珍惜兄弟姊妹。
什麼都辦不到的糟糕人。
無法回應父母期待的人……等。

【練習題③】

爲了不要讓孩子變成像練習題②提到的那種人，妳認爲孩子應該怎麼做？

《例》不要在人前畏畏縮縮。

懷抱強烈意志。

不管發生什麼事都能努力下去。

和朋友在一起的時候不要強烈主張自我、應該要配合周遭。

對人溫和。

要一直很可靠。

疼愛弟弟妹妹、回應父母期待……等。

如何？妳寫下了什麼樣的答案？

從**①到③的練習題**當中，我想妳應該能逐漸明白平常認爲自己是個什麼樣的人（自我印象）、以及具備何等信念和價值觀（自我規範），因此會在這些事上對孩子發怒。

其實這裡寫下的，就是用孩子這面「鏡子」所映照出的妳本人。

在練習題①當中寫下的答案，就是媽媽對於自己感到討厭的部分。因爲不想看見這些事，所以也希望映照在孩子身上的這些部分能夠消失；另外，**練習題②中回答的「可能會變成這種人」的「這種人」，毫無疑問的就是妳自己。**

練習題①②寫出的答案，就是妳的自我印象——也就是妳深信的妳本人。

因為不希望孩子成為一個像自己這樣「糟糕的人」，所以才會訂下**練習題③**中的規則，拚命地發怒、監視著孩子並且老是唸他，希望能夠把他養育成自己心中理想的樣貌。

釐清這些事以後，請再回頭看一次自己寫下的練習題答案。我想**妳一定能發現，這就是在妳心中的自我印象和自我規範**。

憤怒的情緒是尋寶關鍵字！

接下來我們就來看看，如果孩子不肯聽自己的話，自己會有什麼樣的「憤怒情緒」。

這裡最重要的是，我們平常抱持的情感的「架構」。

先前也稍微有提到，情緒有種類區分，分別是**「寂寞」「悲傷」「害怕」**等

原始情緒；而「憤怒」則屬於次級情緒。

如果將心靈當成一個杯子來說明這個架構，會比較簡單易懂——杯子裡裝滿了許多原始情緒，但卻不去好好感受而無視或者壓抑情緒，那麼不知不覺間，杯子當中的情緒就會越來越多，到了某個時刻就會轉變成次級情緒的「憤怒」猛然向外噴流。

原始情緒如果不好好去感受，那麼即使換了地方、或者面對其他人，還是會不斷重複出現，直到妳注意到情緒之前，都會一直重複相同的事。因此，**不管是多麼渺小的「寂寞」「悲傷」「害怕」，最重要的就是要自己去發現並感受它**。

那麼，實際上就以下面的**練習題④**，來找出那些成爲妳煩躁憤怒的原始情緒，請試著發出聲音說出來。

課程2 消除無法遏止的怒氣及不安

【練習題④】

如果孩子不能遵守練習題③中訂下的規則，妳會有什麼感受？（如果是【夫妻一起育兒卻不順利】類型的媽媽，請針對丈夫來回答）

《例》・如果對方不能回應我的期望，就覺得自己不被重視，很寂寞。
・如果不聽我的話，就覺得被看不起，很悲傷。
・如果失敗的話，想到自己竟然幫不上而感到恐懼……等。

「寂寞」「悲傷」和便便是一樣的

妳覺得如何呢？在**練習題④**中，是否有好好的感受到，先前妳一直沒有發現的「負面情緒」呢？

在此，請妳稍微回想一下。我想只要身爲人母，應該都曾經有這樣的經驗，那就是當孩子剛出生沒多久、還是個小嬰兒的時候，只不過是拉出便便而已，妳卻笑容滿面、開心地說：「大出來了，好棒喔，寶寶好厲害喔～」沒錯吧？

會湧現「負面情緒」，就和這件事一樣，是個自然現象。如果不把便便排

出，就會引發便祕、造成身體不適。「負面情緒」也是一樣，如果一直累積著不發洩出來，那麼理所當然會造成情緒狀況不佳。

所以妳也應該要：

「好悲傷喔～」

「好寂寞喔～」

「眞的是討厭到都快讓人生氣了呢～」

將這些**妳覺得討厭的所有情緒，全都轉變爲「感受到了也沒有關係的」**這**樣的想法，我希望妳先懂得原諒這樣的自己**。如果能夠辦到這點，那麼妳就會發現：

「啊，原來這是可以表達出來的。」

「這個，本來就應該要發洩出來啊。」

那麼便能夠原諒所有情況下的自我，自然會感到如釋重負。

並且**如果持續這樣下去，就能夠逐漸做到「自我肯定」**。

心理習慣會造成育兒的煩躁感

在**練習題④當中會湧現情緒的情況，就是妳的心理習慣**。

舉例來說，回答「如果對方不能回應我的期望，就覺得自己不被重視，很寂寞」，正是因爲妳的心理習慣是對於「我是不受重視的人」這樣的自我印象深信不疑。

自我印象其實就是一種「有色眼鏡」般的東西。因爲透過「反正我就是這種人」的有色眼鏡看著自己，所以就很容易發生：

「看吧，這孩子果然一點都不重視我！」

「看吧，果然這個人也是這樣！」

不管看見什麼、聽見什麼，都只能看到「不受重視的自己」。但是因爲自己又比任何人都要覺得那非常羞愧、令人生厭，經常性地隱藏自己寂寞的心情，結果反而讓情緒在心靈的杯子中累積到滿出來，最後把自己的煩躁及憤怒一股腦兒的發在孩子身上。

從何時開始養成「對不起，我不是好媽媽」的心理習慣？

那麼我們究竟是何時開始有這樣的心理習慣呢？

在**練習題④**中，舉例來說，回答了「覺得自己不被重視，很寂寞」的人，請想想「我是什麼時候開始覺得自己是個『不受重視的人』的？」**請回顧到至少小學低年級時期的幼童期**。

這樣一來，可能就會回想起希望母親重視自己，但母親並沒有，因此而讓妳感到悲傷、寂寞的事等。也許妳會發現，**現在感受到的悲傷其實就和那時候是一模一樣的**。

也就是說，**如果能夠回顧自己孩提時代，就能夠找出引發自己「負面情緒」的橋段，並且能重新審視心理習慣最大來源，也就是與自己母親的關係**。

那麼，與母親之間的關係，又是如何與我們自己的心理習慣產生關聯的呢？在第三章中，就讓我們來談談這個問題。

第二章　總結

・孩子是映照出媽媽對自我印象的鏡子。

・苦於育兒煩惱的媽媽們，有著否定自我的心理習慣。

・不正視自己的缺點，只努力強化會有人稱讚「這樣不錯」的部分，這樣的心理偏頗導致否定性的心理習慣產生。

・育兒時的煩躁與憤怒，是由於累積在心中的「寂寞」「悲傷」等原始情緒累積，進而轉變為「憤怒」這種次級情緒猛烈奔流而出。

・知道自己的心理習慣，試著感受那些自己原先一直壓抑的負面情緒。

第三章

我是這種人（女兒），真是抱歉

——重新看待與母親之間的關係——

為什麼會覺得「我是這種人，真是抱歉」？

對於孩子來說，母親是非常重要的存在。只要媽媽對自己露出笑容，那麼孩子就能感到非常幸福，希望她能夠隨時都開開心心的。所以孩子會一直非常在意，而下意識地觀察媽媽的樣子，想著：

「媽媽現在有在笑嗎？」

「她看起來幸福嗎？」

由於這份心思，因此如果媽媽覺得痛苦、或者是感到悲傷的時候，孩子就會把這些事全部連結到自己身上，而很容易覺得「都是我不好」。

舉例來說，當妳還是孩子的時候，如果從幼稚園回家之後，非常開心地向媽媽說：「媽媽！那個啊，我在幼稚園遇到這樣的事喔！」

但那時候碰巧媽媽心情並不是很好、又或者是她很累了，結果對著妳說：「我現在很忙！」那麼妳會做何感想呢？

年紀尚幼的妳，想必會想著：

「我是不是說了什麼不好的話？」

「媽媽不願意聽我說話，是不是因爲我打擾到她、讓她非常困擾呢？」

「因爲媽媽討厭我，所以才不想聽我說話嗎？」

就這樣用自己年幼的腦袋拚命思考，想盡辦法要讓自己能夠接受這個不在自己預料中的現實狀況，然後對於遭受到這種對待的自己，就會覺得：

「我害媽媽心情不好，眞是糟糕……」

「我沒有被重視的價値……」

開始消沉、責備自己，甚至可能下意識地害怕起這些事：

「這樣下去，媽媽一定會更討厭我的！」

「說不定我會被拋棄！」

結果就會演變成：

「媽媽並不重視我，因爲我是個壞孩子。」

「我是這種人，眞是抱歉。」

且抱著罪惡感……

這就會變成內心的舊傷，等到自己有了孩子以後，就很容易轉變爲老是想著

「我是這種媽媽，眞是抱歉」的心理習慣。

煩躁或不安都不是妳的緣故

如前所述，和母親之間的關係造成的舊傷，應該是很多人都有過的經驗。

許多正在爲育兒煩惱的人，都在心裡想著：

「我現在這樣，實在得想想辦法才行！」

「必須改正我的個性才行！」

可是卻不知該怎麼做，結果只是造成自己更加煩惱，但其實並不是這樣的。

以我來說，在知道其實育兒會不順利，並不是因爲我自己的個性有問題以後，眞的是鬆了一口氣。

「什麼嘛，原來只是因爲我的心裡有舊傷造成的啊！」

對於那種原本成因不明的問題，只要知道了原因，解決之道就會像光一樣一舉射入內心！

但是，如果小時候造成的內心傷害一直沒有癒合，即使自己接觸的對象不同、又或者是換了一個場所，還是會重複發生一些刺激那個舊傷的事。因爲妳心中的舊傷，就是用這種方式在提醒著妳，它仍然存在。

所以**回顧自己孩提時代，審視自己與母親的關係，將會發現許多可以治療那個內心舊傷的寶物**。

請原諒「我這種人」吧

請回頭重讀一次第二章中，有育兒煩惱的七種類型媽媽們的心理習慣（74頁），應該會很容易明白，那種會經常想著否定自己的心理習慣，其實幾乎都是孩童時期的舊傷所造成的。

以下我們就來回顧感受一下，妳自己在孩提時代，和母親的關係究竟是如何。**請當作自己回到年幼時期，來寫下問題的答案，並且發出聲音唸出來。**

【練習題⑤】

妳在孩童時期，有哪些是母親對妳做、或者是不對妳做而讓妳覺得很討厭、又或很寂寞、或是非常悲傷、甚至可能是非常害怕的呢？

《例》
- ・一直說自己的事，都不願意聽我說，覺得很悲傷。
- ・我討厭她拿我和性格開朗的朋友比較。
- ・爸爸對我生氣，但是媽媽沒有保護我，覺得好寂寞。
- ・媽媽那麼疼愛弟弟，卻一點也不重視我，覺得好寂寞。
- ・我討厭她一直那麼累又拿我出氣。
- ・討厭她一直命令我「妳應該要這樣」，根本就不相信我。
- ・跟她商量煩惱，她卻說我「太陰暗」還對我發脾氣，我覺得很討厭。
- ・我好害怕爸爸和媽媽吵架……等。

【練習題⑥】

當時，其實妳希望媽媽爲妳做什麼呢？

《例》．其實我一點也不希望她爲了我而忍耐。
．希望她能好好聽我把話說完。
．希望她不要拿我和他人比較，能夠直接認可我。
．希望她能保護我不受爸爸、哥哥、姊姊的傷害。
．希望她能像護著弟妹一樣護著我。
．希望她能再多關心我一些。
．希望她不要過度干涉我，而能更加信任我。
．希望她一直是個溫柔的母親。
．希望她能再多誇獎我一些……等。

【練習題⑦】

當妳年幼的時候，母親並沒有爲妳做到練習題⑥當中哪些事，反而對妳做了哪些事，而讓妳覺得很討厭、很寂寞、又或是非常悲傷？

《例》

・我覺得自己對於媽媽來說，並不是很重要的小孩，覺得好討厭。
・總覺得她完全不關心我，覺得好討厭。
・被認定「是個很可靠的小孩」所以不需要理會我，但總覺得自己「沒有保護價值」，覺得很寂寞。
・感覺就好像我完全不值得信任，非常寂寞。
・總覺得自己好像被討厭了，覺得很悲傷。
・覺得自己被認爲是很不中用的小孩，很悲傷……等。

【練習題⑧】

傾訴著練習題⑦中那些事、宛如孩子般的妳，是什麼樣的表情？請一邊思考著自己是個孩子的樣子，一邊把練習題⑦中說出的句子加上「所以才會……對吧？」並且要開口說出來，試著練習原諒自己。

《例》
- 我覺得自己對於媽媽來說，並不是很重要的小孩，所以才會覺得好討厭對吧？
- 總覺得她完全不關心我，所以才會覺得好討厭對吧？
- 被認定「反正妳是個很可靠的小孩」所以不需要理會我，但總覺得自己「沒有保護價值」，所以才會覺得很寂寞對吧？
- 感覺就好像我完全不值得信任，所以才會非常寂寞對吧？
- 總覺得自己好像被討厭了，所以才會覺得很悲傷對吧？
- 覺得自己被認爲是很不中用的小孩，所以才會很悲傷對吧？……等。

也試著原諒孩提時代的自己吧

覺得如何呢？是不是稍微喚醒了那些妳至今都隱藏在心中而看不見、孩提時代所抱持的感情呢？

這些練習題最重要的，就是**讓妳自己好好感受，當年尚年幼的妳所抱持的「寂寞」「悲傷」等情緒。請好好發現抱持著這些情感的自己，並且原諒自己會有這些情緒吧**。

如果只用頭腦思考，也許還不會那麼明顯，但若能實際上把這些事都說出口，心中自然會產生反應，甚至很可能會說出：**「爲什麼我會哭了？」**

爲了發現這些事，就必須要有一些「心靈撼動」。請試著把事說出口來，不斷重複那些能讓妳情感動搖的話語，好好地體會那些情緒吧。

這樣一來，妳就能夠好好體會自己小時候的心情，也能發現有鬆了一口氣的感覺。這是因爲其實我們一直下意識的想著：**我們不可以對自己最喜歡的媽媽抱持著「覺得好討厭」的感覺！或者是不能對於忙碌卻仍非常努力的母親心想「我好寂寞」！**

但有時候又忍不住責備自己竟然有那些負面情緒、又或者討厭這樣的自己。在92頁的「『寂寞』『悲傷』和便便是一樣的」中也有提到，最重要的就是不管自己感受到了什麼樣的情緒，都應該要認同自己、並且原諒自己。如果能夠原諒所有自己，那麼當然也就能夠原諒會感受到不同情緒的孩子了。

我曾經聽說瑜伽有個說法：「感情會記憶在筋骨肌肉當中」。的確，當我們感受到「悲傷」「害怕」情緒的同時，身體也會有緊縮等反應。

當我們還年幼的時候感受到的心情，也許很難用「寂寞」「悲傷」等具體的詞彙來明確描述自己的感受。

但是，**其實妳的身體記得那樣的感覺，即使現在已經成長爲大人，只要一把那些感覺說出口，身體就會有所反應。這樣把封閉的感情都釋放出來的動作，就能夠讓妳原諒自己。**

妳責備自己的理由

我們平常總是想著：

「必須感謝父母親才行。」

「因爲都是家人，不可以認爲對方有哪裡不好。」

「絕對不可以有什麼『負面情緒』。」

那些來諮詢或者是講座的媽媽們即使向我傾訴：

「媽媽竟然對我做那種事！」

「我討厭媽媽這樣那樣！」

一旦聽見我說：「妳那時討厭媽媽嗎？」大家又會馬上反駁我：

「不！我們感情很好。」

「她會爲我做這些事、還有那些事，我非常感謝她。」

匆忙地辯解起來。這正是因爲我們對於竟然認爲爸媽「很討厭」這件事抱持著罪惡感，對吧。

這份罪惡感，正是因爲孩提時代的妳最喜歡又最重視爸爸和媽媽了，才會感

受到這種情緒。但是，如果一直對父母抱持著這樣的罪惡感，只要每次覺得爸媽「好討厭」、又或者是覺得「好寂寞」的時候，就會一直責怪自己：

「居然覺得爸媽好討厭，我怎麼會是這麼冷漠的孩子！」

「竟然因爲自己覺得寂寞，就認爲爸媽應該要更加關愛自己，這樣的我實在非常任性！」

妳會這樣自責，很可能就是因爲太喜歡爸爸媽媽、覺得他們實在太過重要。

育兒正是個機會，改掉責備自己的習慣！

其實妳可能是爲了不希望自己把爸媽當成壞人、又害怕他們對自己失望而討厭起自己，所以甚至責備起還是個孩子的自己，說自己才是大壞蛋。

一旦如此，長大成人以後，就會變成已經養成的習慣，老是想著「我是這種人，眞是抱歉」，因此面對孩子也覺得「對不起，我不是好媽媽」而覺得非常痛苦，那麼現在正是妳治療那個舊傷的機會。

正因爲「育兒」這個時期，即使心生厭惡，也能夠把過往的自己重疊在眼前

的孩子身上，所以才更能夠原諒小時候的妳自己、也更容易能放掉那個責備自己的習慣。

請將以往那些覺得「絕對不可以那樣想！」「不可以把那種事說出口！」的事都做出來。也許妳會覺得非常可怕，但正因爲是妳沒有做過的事，所以它才會是解答的線索。

如果妳照著以往深信的事去做，那麼就會維持現況。試著做一些以往不曾做過的事，應該就能夠有不一樣的結果。

身爲孩子的妳，如果覺得：

「都是因爲母親沒有爲我這麼做，所以我覺得很悲傷。」

「因爲她沒有爲我做那件事，所以我覺得很討厭。」

請先**在妳獨自一人的時候，試著讓自己把這些事說出口。**

對於年紀尚幼的妳所感受到的事，再由大人的妳告訴自己：

「妳可以這樣想沒關係的。」

「那樣眞的很討厭呢。」

「妳好難過對吧。」

這樣一來便能夠原諒自己了。

如果妳能夠原諒自己，那麼就不需要自責「我是這種人，眞是抱歉」。這樣一來，和孩子在一起的時候，應該也能夠擺脫每天不斷找尋證據證明「對不起，我不是好媽媽」的窠臼了。

還請妳務必在內心舊傷感到疼痛的時候，就要習慣面對小時候的自己。

第三章　總結

・會自責「對不起，我不是好媽媽」是由於自己在孩提時代，曾經對於母親想著「我是這種人，真是抱歉」所留下的內心舊傷。

・請多多試著回顧自己小時候與母親之間的關係，將當時感受到的心情說出口。

・如果能夠試著體貼自己孩提時的情緒，那麼心靈就能得到治療、也能夠原諒自己。

・請習慣只要感到內心的舊傷疼痛，就要試著面對自己。

第四章

解放那個孩提時受傷的妳！

媽媽改變，孩子也會有所改變！

來到我這裡的媽媽中，有些人一旦知道煩惱的原因其實大多來自於自己的母親以後，反而非常害怕，覺得：

「那麼現在以母親身分養育孩子的我，責任也非常重大吧？」

如果孩子幼年時期與母親之間的關係，會造成孩子內心留下傷害的話，那麼自己的孩子又該如何是好呢？有許多人因此感到不安。

但是，沒問題的！

以我自己來說，這是我已經體會過的事，所以我能夠很清楚地告訴大家，一旦媽媽內心的舊傷癒合，而能夠覺得「不管我是什麼樣子，都是沒有問題的！」那麼孩子也會逐漸轉變。

這個世界上，雖然有許多孩子的「三歲神話」，似乎孩子在三歲以前就會定型，但其實孩子是隨時都能夠改變的。爲此，首先還是要請身爲媽媽的妳，好好面對自己吧！

傳達自己煩躁心情的訊息

如果已經能好好面對自己內心的舊傷，接下來就試著面對孩子和老公，練習著把先前老是說不出口的眞心話說出口吧。

我們稍微回溯一下，妳在第二章的練習題④（91頁）當中所回答的答案，請試著對自己的孩子（如果是【夫妻一起育兒卻不順利】的人請對著老公）**發出聲音，說出I訊息（「我現在是這樣的心情」的訊息）**。

說出I訊息的秘訣是，依照**「①對方的言行、②由於①而認爲自己遭受了什麼樣的對待、③此時自己的心情如何、④希望對方如何做（請託）」**的順序傳達自己的心情。

《例1》孩子一直不收拾玩具的時候

「①如果你一直不收拾玩具的話，②媽媽我會覺得你不重視我，③我好難過喔。④所以我希望你可以自己收拾東西。」

《例2》孩子不聽話的時候

「①如果你不聽我的話，②媽媽我就會覺得你似乎不把我當一回事，③我好寂寞喔。④所以我希望你能好好聽我說的話。」

《例3》希望老公幫忙做家事的時候

這裡要特別注意的是，絕對不要說「你不幫我，我好難過」。爲什麼不能這樣說呢？請看下面的例子。

「①我正在做飯、非常辛苦的時候，如果你**沒有幫我看著孩子的話**，**②我就會覺得你都不會體貼我**，**③我好難過喔**。④所以你可以幫我看一下孩子嗎？」

這樣一來，就會變成指出對方就是「讓我感到悲傷的人」，這其實是在責罵對方的話語。

像這種情況，應該說：「①我正在做飯、非常辛苦的時候，如果你**能夠幫我看著孩子的話**，**②我會覺得你非常體貼**，**③這樣子我好開心**。④所以你可以幫我看一下孩子嗎？」**像這樣「你能幫我～的話我好開心」的正面表現會比較好。**

所謂的I訊息，就是「有些羞愧的自我被害妄想告白」。

因爲接收了對方的言行，而覺得：

「這個人覺得我『就是這種傢伙』所以才這樣對我。」

「那個人也說我『就是這種傢伙』。」

所以**將自己擅自妄想認定的這種事，告知那個當事者對象**。也就是說，是說明眞心話。所謂的眞心話，並不是要用譴責對方的話語來衝擊對方，而是要把眞心捧在手掌上，遞給對方讓他看清楚。

一開始很可能會覺得要找出「自己的眞心話」是一件頗爲困難的事。但是只要經過反覆練習，就能夠逐漸發現先前一直認爲自己就是「這種傢伙」的心情、又或者是平常都以憤怒來掩飾的情緒，**其實是隱藏在內心深處的「我眞的好寂寞」這樣的感受**。這樣一來，就逐漸能更加明確地將自己的心情傳達給對方。

就算是對方仍然無法明白妳的心情、又或者是無法回應妳的要求，也會因爲妳已經明瞭「自己的心情」，因此憤怒也會被抑制下來。請在先前妳很容易爆發煩躁與憤怒的時候，一點點地練習I訊息。

試著告知自己小時候的想法

這是非常困難的手法，一般建議是在有諮詢師陪同的情況下再進行。不過以我個人情況來說，我**使用了I訊息**來將我小時候的心思告知父母。

一開始因爲我覺得內心的舊傷是源自父親，因此我用I訊息告訴他：

「我小的時候，只要爸對我生氣，我就覺得好害怕喔。」

「只要爸一對我生氣，我就覺得你一點都不重視我，害我好難過。」

我試著用**非常不經意**、**宛如懷念過往時光般**的語氣對父親說了這些事。因爲先前我絕對不把「好害怕」說出口，所以試著下定決心說出來。

沒想到父親也說：

「這樣啊。害妳那樣想，眞是抱歉。」

「怎麼會不重視妳呢，絕對沒有那回事的。」

因此我也很自然就想著：

「噢，父親不會再對我那樣了。」

「即使內心害怕，也可以告訴他我很害怕啊。」

如此一來，我便不再害怕自己的父親，與他的關係變得非常輕鬆。

但只有這樣，我的內心還是有些苦悶、總覺得不痛快，因此我想還是得告知母親才行。

開口說出孩提時說不出口的妄想

我在諮詢師培育講座上練習好I訊息的傳達方式之後，想要好好面對自己的母親，所以告訴自己：「如果這樣會有所改變，就試試看吧！」

就在那天，我在自家附近的車站打電話回老家，哭著向母親表白。

一開始我是這樣說的：「雖然有種事到如今的感覺……」因爲畢竟那已經是十多年前的事了。

母親在我年幼時一直都非常溫柔，因此我覺得：「母親明明如此溫柔的將我養育長大，爲什麼我會變成這樣呢？爲什麼我無法成爲一個和母親一樣溫柔的媽媽？」因此非常自責、非常地痛苦。

但當我回顧幼年時期，仔細深思就會發現，當時的我其實還有許多想法：

「眞希望媽那時能幫幫我。」

「眞希望她那時有支持我。」

「總覺得幫不上媽的忙，我覺得好對不起她。」

「媽都不拜託我，覺得她一點都不相信我，好難過喔。」

當然，**要傳達這些事，就必須使用I訊息**。

「我從小就最喜歡媽媽了，請你先記得這點。」

「當時我的理解能力還不夠，所以才會自己那樣想。」

「我絕對不是想要責備媽媽，只是想把一些小時候我說不出口的事告訴你而已。」

「你也知道我現在非常煩惱孩子的事吧？所以我覺得爲了孩子，應該把這些事說出口，好整理自己的內心想法。」

我一邊考量著不可以傷害母親，一邊努力思考用字遣詞。

這時候最重要的就是，I訊息究竟是什麼樣的訊息。

先前也有提到，**這是要將自己擅自胡思亂想的事告知母親，絕對不是要對母親發洩不滿**，只是試著把那些小時候一直說不出口、像是妄想一般的念頭給說出口來，將這個訊息傳達給對方——做這件事本身就是目的。

因爲有許多事，是當時孩子覺得母親「沒爲我做～」，但對於母親來說，絕對不是那樣打算的。

以我來說，母親能夠接受這件事，並且說：「原來是這樣啊，妳一直都很煩惱吧。」但也有許多人會遇到其他情況。

但是，**對方的反應和妳的價值毫無關係**。就算對方不肯聽妳說，妳也絕非「不值得被聆聽的人」。就算對方無法理解，妳也絕非「不值得被理解的人」。

妳幫自己實現「以往說不出口的」「其實自己想做的事」本身是有意義的。

就算妳不向母親告白，就像第三章末提到的，妳**只要回顧自己幼年時期、將當時沒能受到照顧的事開口說出來，讓妳能夠原諒自己，就能夠改變自己了**。

為什麼想要成為理想的母親呢？

有許多媽媽會感受到「育兒非常痛苦」，可能是因爲強烈認爲「要成爲一個理想的母親才行！」

許多來找我商量的媽媽們，都是在孩提時母親對自己做了某件討厭的事，所以自己絕對不做，因爲她們不願意讓孩子嘗到自己小時候感受到的悲傷念頭；不想讓自己的孩子覺得悲傷、寂寞、害怕——大家都覺得這樣才是理想的媽媽。

妳是否也總是覺得，

「絕對不能讓孩子也體會我嘗到的滋味，得要讓他一直保持笑容才行！」

「我得非常沉穩才行！」

「我得一直陪著孩子才行！」

「我永遠得好好聽孩子說話才行！」

「必須以孩子爲優先才對！」

「我得對兄弟姊妹平等才行！」

然後爲了要成爲這樣理想的母親，而拚命奮戰呢？

而每當感受到自己果然還是無法成爲那樣理想的母親，就會感到非常自責？

然後是否覺得這個樣子，自己的孩子非常可憐？

「總覺得照顧孩子好痛苦……」

妳會這樣想，其實可能只是想把那些小時候希望媽媽對妳做的事，都爲自己的孩子做，藉此治療自己的傷口罷了。

爲了不要傷害眼前的孩子、爲了不使他悲傷，而拚命地忍耐、甚至責怪自己，結果又傷害了自己的心靈，導致自己更加悲傷。但是，若是妳自己拚命不要傷害眼前的孩子、不讓他悲傷，結果過度勉強自己逞強，那麼究竟誰才能幫助妳呢？

所以請再次確認一下第3章的**練習題⑤**（102頁）中，妳回答的答案內容。**對於現在的妳來說，最重要的是好好傾聽自己內心的聲音，試著去找出練習題⑤當**

中，**身爲孩童的妳所感受到的「好受傷」「好寂寞」「好悲傷」「好害怕」等心情**。

與其一直在意要成爲理想母親，還請先發現自己孩提時代就壓抑在內心深處的那些情緒，並且把它們都一吐而快，讓自己能夠重新發展成「什麼樣的我都沒有問題」。這樣一來，妳那痛苦的育兒過程，也會逐漸改變的！

終於能夠原諒身為媽媽的自己！

我就是這樣，原諒了先前覺得很糟的自我：「認爲這樣很不好的我」「感到悲傷的我」「感到憤怒的我」「抱持負面情緒的我」。

同時也就能夠覺得：**「不管是什麼樣的我，都沒有問題。」**

自然也會認爲：**「我是什麼樣的爸媽，都沒有問題。」**這樣便能夠原諒自小就在心中拉扯著內心的母親。

然後演變爲：**「身爲母親的我，這樣也沒有問題的。」**也就是**能夠原諒「身爲爸媽的自己」**。

先前雖然腦中能夠理解自己對於母親的想法應該是：「我知道母親非常溫柔、而且也愛我，所以我得要感謝她才行。」但由於孩提時代堆積在心中的小小「憤怒」以及「悲傷」等情緒阻礙了心靈，因此總覺得自己無法眞正的那樣想。

但是，**只要能夠諒解自己會有各種情緒、就能夠體諒母親，進而打從心底感謝她**。既然自己能夠原諒母親，那麼我身爲孩子的爸媽，很自然也會認爲：

「親子關係隨時都可以改變的！」

「孩子們就算和現在的我一樣，覺得不能諒解自己的行爲，將來也有一天可以理解的！」

這對我來說，就能讓我變得非常有自信。

和母親以真心相待，將成為孩子的範本！

雖然每個案例的情況各有不同，無法一概而論，但以我來說，在那之後我就覺得自己和母親的關係，變成**「我可以和母親說任何眞心話」**。甚至可以向母親撒嬌：「我很努力對吧？稱讚我一下嘛～」

如此一來，母親也變得什麼話都會跟我說。那個（原先看起來是）非常努力、總是把自己的事拋在腦後、一切都忍耐的母親，變成就算是我拜託她什麼事，如果她覺得不想做，也會老實地跟我說「我不要」「那天沒辦法」「辦不到」「我累了」之類的，不會再過度勉強自己。

我和母親都不會再努力勉強或隱忍，這樣的關係**對於孩子來說，就會變成「原來可以像那樣，把我自己的心情告訴媽媽啊」的最佳範本**。

——也許有人就算覺得可以諒解母親了，還是無法達到這樣的狀態。

但是在我的客戶中，甚至有原先已經和母親斷絕關係的人，由於原諒已經身爲人母的女兒自己，雖然的確是花費了不少時間，但她和母親的關係也慢慢地改善了，甚至能夠帶著孩子回娘家去玩，這樣的案例其實並不少。

不需要焦急，請慢慢地、緩緩向前走吧。

就算是弄錯了或失敗了，也沒關係！

以我來說，變得不會再覺得不能夠對孩子說哪些話、不能夠對他們做某些事。**爲人父母，當下有想說的話就應該說，有想做的事就應該去做**。這樣一來，孩子本身也就能夠老實地向妳說出他想說的話。

舉例來說，看到兄弟姊妹爲了一個文具吵了起來，如果原先是【不疼愛哥哥或姊姊】類型的媽媽，以前會不由分說地就怒罵：「妳是姊姊，應該要退讓啊！還不讓給弟弟！」

因爲轉變爲會說出內心話，所以便不會那樣吼人，而會好好說出自己的心情：「妳們兄弟姊妹老是吵架，媽媽我覺得好難過喔。」

這樣一來，以前總是窺看著我的臉色、什麼都不告訴我而一直壓抑著自己的姊姊，也會把自己內心的想法告訴我了：

「我也不想這樣啊~但這是我先想要拿來寫作業的嘛。」

「都只有我要讓給弟弟，我很難過耶！」

聽到她這樣說，我也覺得「噢，原來如此、確實是這樣。」同時因爲孩子願意告知她「好痛苦」「很難過」「好寂寞」，我也覺得安心了許多。**這讓我能夠認爲：「以前我自己不敢說出口的事，這孩子願意對我說呢，這孩子將來一定沒問題的。」**

育兒會遇上各式各樣的狀況，所以爲人父母一定多多少少會發生一些錯誤。但是，**我認爲在育兒的時候最重要的就是：要去思考「如果發生錯誤的時候，我該如何是好？」「如果孩子受到傷害，身爲爸媽的我應該怎麼辦？」這些事。而非「不要犯錯」「不可以失敗」**。

就算自己犯了錯誤，孩子若覺得討厭的話，他們會告訴妳「不要」；若覺得寂寞，他們也會說「好寂寞」。只要他們願意說，那麼妳也馬上就能察覺自己的錯誤，如此便能夠治療孩子心靈受的傷害。反而能夠將這種時刻，轉變爲互相理解的機會。

我身爲一個母親，不再戰戰兢兢地想著：「這種時候，爲人父母應該如何是好？」「要是養孩子在這種地方出了錯，這孩子將來會變得怎樣？」**反而可以馬**

上解決問題。

因爲不需要一直帶著那些討人厭的傷，心情會變得十分輕鬆。

能夠將「幫幫我！」說出口的魔法話語

有許多媽媽因爲無法開口向人說出：「幫幫我！」而使自己的煩躁感大爆發。明明已經非常非常努力了，卻又責備自己「我一定是還不夠努力」，甚至會默默地想著「這樣已經很給別人添麻煩了，怎麼可能有權利向人求助」吧。這就是妳的心理習慣。

所以請妳好好的再想想：

「我眞的是不夠努力嗎？」

「難道眞的只有已經夠努力的人，才有資格向人求救嗎？」

「我眞的給別人添了麻煩嗎？」

請妳試著質疑妳的自我印象所引發的心理習慣。這樣一來，應該就能夠說出：**「不管有沒有努力、就算不是很痛苦，我也能夠隨意地向人求助，因爲我周**

圍有許多總是為我加油打氣的人啊。」這樣的「魔法話語」，採取那個和妳自我印象完全相反的行動吧！

「啊，原來我是這麼受人疼愛的呢！」

「原來其他人都這麼溫柔啊。太感謝了~」

妳一定**能夠充滿感謝之心，看見先前都沒注意到的溫柔世界。**

我以前就像【在意他人目光】類型那種媽媽，擔心會被其他媽媽說是「很糟糕的母親」，因此絕對不會開口向她們說「幫幫我」。

但是，等到第二個孩子也上了幼稚園以後，曾經發生過這種事。

那天我有無論如何都無法抽身的要事，實在無法去幼稚園接回從才藝班下課的孩子。我一邊想著「這該如何是好」，非常遲疑的去拜訪附近的媽媽朋友，詢問她「不知道方不方便將我家小孩一起接回來呢？」

結果她告訴我：「好啊。沒問題唷~我家小朋友如果知道○○要來玩的話，應該也會很開心呢。我才要向妳道謝。」她非常爽快地允諾我這件事，而且她的話語是多麼貼心哪！

試著將「幫幫我！」說出口，就是能夠大大改變人生的一刻。

和媽媽朋友間出了問題，該如何是好？

話雖如此，現實就是這個世界上，並非只有與妳抱持相同價值觀的媽媽。一旦送孩子去幼稚園，就一定會有人認爲「孩子必須由媽媽親自照顧」。

以前我就曾經被當中一位怒斥過：

「妳爲什麼會把自己的孩子交給別人？」

「就算孩子是在學習才藝，其他媽媽也都好好看著自己的孩子，就只有妳的孩子沒有媽媽照看，他實在太可憐了！」

如果是從前的我，有媽媽朋友這樣對我發怒的話，我肯定會自動轉換成「這都是我的錯！」因爲對方的言語而受到打擊、變得畏畏縮縮。

但是，這個時候的我已經能夠回想起本書前述內容，關於人類憤怒時的心理，因此可以冷靜地看待她的行爲：**「噢，這位媽媽小時候覺得媽媽都沒有好好的看著自己，所以內心留著這樣的傷疤，才會反應這麼大。」**

我也就能告訴自己：**「那是她個人的價値觀，是她自己的想法唷。」**也不會拚命向對方道歉、或是非常自責。這其實是非常大的變化。

但是說老實話，實在是打從心底不爽，認爲對方：「也太多管閒事了！不要擅自覺得我家孩子很可憐！」

不過我也能好好的告訴對方：「但是幫我照顧孩子的媽媽也說：『謝謝妳讓○○來我家玩！我家孩子也覺得一起玩耍很開心呢！』而且我問過我們家小孩『我每次都去接妳比較好嗎？妳希望我一直去看妳學習才藝嗎？』孩子也告訴我：『爲什麼？不用啊，我可以跟朋友玩很棒啊！』妳擅自說我家孩子很可憐、還對著我發怒，我不喜歡這樣。」

之後過了好一陣子，她還是抱怨了我一些事，但我都沒什麼反應，過了幾天之後她自己就傳了「對不起」的訊息給我……她向我表白，以前在等待孩子的時候，總是和我聊天，但因爲現在沒辦法好好聊天，其實覺得很寂寞。

明白這點的我，忍不住覺得告訴我這些事的她實在「好厲害、好誠實喔。」因爲她發現了自己憤怒不過是短暫的情緒，底下深藏的是「寂寞」，並且將這件事告訴我。

在成爲大人以後，要做到這件事是非常困難的。並且，**因爲她老實告訴我自己的眞心話，所以我反而覺得和她更加親近了**。

為什麼馬上就會覺得消沉而受傷？

從前的我，曾經把別人對我的評價當成「自己的價値」。

舉例來說，如果有人討厭我，就會覺得「因爲我就是這麼惹人厭」；如果有人對我發怒，我就覺得「是我不對，惹人家生氣」很容易感到消沉、內心非常受傷。

但其實，**害妳自己消沉受傷的，並不是其他人，而是「妳自己」**。

妳會因爲有人對自己生氣、或者被人討厭而感到消沉受傷，正是因爲自己內心明白被人說中了。也就是說，**妳比任何人都更加相信自己「是非常惹人厭的」「是會惹人生氣的糟糕人類」**。

在前面章節中提到我的經驗，因爲不管媽媽朋友說了我什麼，我都相信自己「並沒有做出會讓人說三道四的事」。所以就不會像從前那樣自責：「是我惹人家生氣不好！」然後覺得非常受傷了。

我們每個人都一樣，就算是非常在意他人目光來決定自己的一舉一動，也無法回應世上所有人的期待。相反地，如果毫不在意他人目光、活得非常自我，那麼可能會有人「喜歡」妳，也會有人「討厭」妳。

不管是什麼樣的人，都沒有不被討厭的魔法。

人類的心情，會因爲那個人所抱持的價值觀以及內心傷疤的不同，隨著場合狀況相異而不斷轉變。因此，如果想要配合這一切，那麼自我肯定就會消失。這樣一來，不就只能想著：「我到底想怎麼做？」「我到底該如何？」

妳希望就算被人討厭，也不要討厭自己嗎？
僞裝自己、抹消自己去配合他人，盡可能不要被討厭很重要嗎？

要選擇怎樣的做法，就看妳自己了。

自從我成為自己最重要的支持者以後，我就不會再擔心他人目光而畏縮，也從被討厭的恐懼感當中解放出來。

妳想要活成怎樣的自我呢？

媽媽真正的心情會傳遞給孩子

為了要能夠讓自己從內心舊傷當中解放出來，最基本的就是將妳內心所想的事說出來。只要這樣就ＯＫ了。

如果妳是老是顧慮他人，想著「要是我說這種話，對方會怎麼想呢？」而壓抑自己的心情，就請妳將那些湧上內心的「好難過」「好寂寞」說出口吧。

要明白「我是能夠接受他人幫助的」這點，不斷在內心重複說給自己聽，但是等到實際上需要幫助的時候，卻無法開口說出「幫幫我！」「我好寂寞！」的話，就表示實際上並沒有允許自己做這些事。

如果妳很難開口說出這些話，請好好傾聽心中「其實我好寂寞，希望他能夠和我在一起」「其實我希望你能幫我忙」這些湧上妳心頭的小小想法：「希望有人爲我做○○。」然後爲妳的心靈實現這小小的願望吧。因爲能夠實現妳眞正願望的，並不是其他人，而是妳自己。

妳必須**站在自己這一邊。如果你能夠更加重視自己，那麼就不需要再指望爸媽、孩子或丈夫「多多珍惜我！」無須要求其他人給予妳這種關懷**。正因爲妳無法支持自己，所以才會希望其他人這麼做。

如果媽媽能夠不再忍耐、而能說出眞正的心情，那麼孩子也會不在意他人的想法、不會有所顧慮，而能夠對妳說出他眞正想說的話。

在我家也是如此，當我工作結束、孩子也從學校回來的時候，我們經常會聊當天彼此發生的事。就算是非常負面的想法，我的大女兒也都會告訴我：

「我討厭念書！我不想去學校啦！」

「可是不去上學又好麻煩～而且也見不到朋友～」

諸如此類的瑣事（笑）。

這種事我以前都會擔心害爸媽操心，所以不敢說出口，有一次因爲實在太感嘆女兒對我說的事，而忍不住問她：「妳還眞敢把這些事都說出來呢～妳不覺得可能會害我操心嗎？」

結果她告訴我：「咦？不會啊。雖然我有不少朋友都沒辦法跟他們的媽媽說這些事啦……可是媽媽不是最了解我的嗎？」

我想這是因爲，**身爲母親的我，不會爲了所有事大驚小怪、也不會把女兒的問題當成自己的事大呼小叫，所以女兒也非常相信我**。

如果我比女兒本人還要消沉、又或者是說著「這樣才對！」「那樣錯了！」的話，我想女兒也會非常擔心地覺得「是否不應該說出來」吧。

雖然有時候我是聽聽就算了，但我認爲女兒非常清楚，眞正需要的時候，我就是最支持她的人。以前由於內心舊傷而無法冷靜聽她說話，當時的我眞的沒有想到現在能與女兒有如此令人開心的關係。

第四章　總結

・使用 I 訊息來將自己的真心話告訴孩子和丈夫。
・舊傷不過是孩提時代的自己胡思亂想的產物。
・如果能夠原諒自己心中的母親，就能夠原諒身為母親的自己。
・只要能夠認為「無論是什麼樣的我，都沒有問題」，就能夠成為最支持自己的人，也不需要期待他人來支持自己。
・媽媽說出想說的話、做想做的事，孩子和周遭的人也都會真心相待。

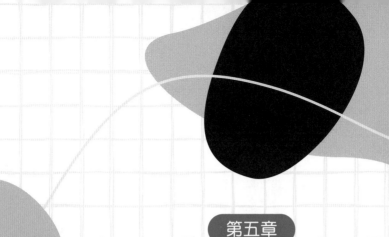

第五章

反了！反了！
珍惜孩子的育兒方法

給那些因為親子教養書而感到痛苦的媽媽

許多來拜訪我的媽媽，都讀過一些「育兒就應該這樣那樣」的親子教養書，結果反而更加痛苦。她們的共通點，就是全都是非常認眞且努力的人。

「如果孩子要說話，一定要停下手邊所有的事，馬上聽他說。」

「當自己覺得煩躁的時候，就進洗手間關幾秒鐘、忍耐下來。」

有某些書上是這樣寫的，因此她們讀了之後就覺得：

「我無法做到這種程度，一定是我不夠努力！」

結果非常自責無法做到教科書上的理想程度。以我看來，她們可是努力到會責怪自己了呢。

所謂育兒，並不是使用其他人的方法來爲自己營造理想，應該是要對每位媽媽來說最舒適的方法才對。如果媽媽自己很滿足的話，那麼孩子同時也會感到滿足。因此，**最重要的就是思考：「我究竟想怎麼做？」**

每個媽媽的教養方式都不同，絕對沒辦法定論「這樣養育的話就會那樣」。

像我的母親是如此溫柔和藹，但孩子還是會抱持著煩惱長大；也有人的養育方式非常誇張，孩子卻成長為非常堅強的大人。因此我都對來商談的媽媽們說：

「最好的方法，就是能讓妳自己能夠保持笑容的方法！」

找出正好適合自己的教養方式

雖然說要把自己想做的事擺第一，但只要當了媽媽，就會有許多事覺得即使自己忍耐，也應該為了孩子而做，對吧？

但就算配合這個社會上的常識，認為「母親就應該要這樣」，拚了命地勉強自己去做那些事，但結果還是常常無法達到那個境界吧。

這種時候，請妳**確認一下現在的自己「是不是心情很好」**。

感情是不會說謊的，如果妳覺得自己拚了命但仍然非常欣喜的話，那麼應該能夠維持好心情繼續下去。但如果拚了命而覺得非常痛苦，那麼就會變得煩躁不已終致爆發，事後才發現原來自己已經忍耐到極限了。

要知道這件事是否適合自己？那就要**發現自己的情緒**。

舉例來說，配合孩子的希望前往公園玩耍。看著孩子開心的樣子，媽媽也會覺得很開心吧？但如果只因爲孩子覺得開心，那麼就每次都帶他去公園，又會如何呢？當然有時候會覺得疲憊、又或者有些煩躁。

這個時候，如果覺得自己有些煩躁的話，**請回顧一下：「咦？我該不會之前其實都是耐著性子吧？」**

這樣一來，就會發現：「唉呀，其實我並不想來呢，我忍了很久啊。」

然**後請妳再問自己：「那麼我其實是想怎麼做呢？」**

如此能夠發現自己「今天很累，其實想在家裡好好休息。」**之後在一樣的情況下，就能夠有「不同的選擇」**了。

「先前都忍耐著去了公園，但今天還是試著讓自己的想法優先吧。」

←

「偶爾把自己擺在前面也不錯啊。」

←

「因爲自己很滿足了，晚餐就做些孩子喜歡的東西給他吃吧！」

妳**應該會發現這類「對自己來說還不錯」的事**。

妳拚了命地教育孩子是為了什麼？

如果我告訴媽媽們：「接受孩子原有的樣子就好。」她們經常會問我：「比如吃飯的時候，孩子吃得亂七八糟、非常骯髒的話，我也不能責罵他嗎？」「孩子看了好幾個小時的電視，這樣還是得放任他去嗎？」

孩子的教育就和先前敘述的一樣。如果妳自己在孩提時代，爸爸媽媽指導妳如何使用碗筷，然後妳能夠用得漂漂亮亮，而妳也覺得這樣很棒的話，那麼妳就**可以「平常地」告知孩子：**

「這樣的話會吃得更順利唷！」

「這樣會更舒服喔！」

這樣就夠了。

但是，**如果對著孩子湧上一股憤怒，覺得：「你一定得要學好這個才行！」那就是心理有所偏頗的訊息。**這樣一來就必須先找出隱藏在憤怒底層、媽媽自己的「害怕」「悲傷」的原因。

這種時候，請回想一下第二章的練習題④（91頁）的課題內容。

「如果不教好這件事，孩子將來變成什麼樣的人，會讓妳覺得很害怕？」

「如果孩子不肯聽自己的話，那麼妳會覺得自己受到何種對待而感到悲傷？」請好好傾聽自己的心聲。

舉個例子來說，如果妳回答：

「如果孩子在學校的禮儀非常差，他可能會被朋友們嘲笑，太可怕了。」

「很可能會被婆婆當成笨蛋，說我是什麼連孩子的禮節都教不好的笨媳婦，這樣我會很難過。」

這樣妳應該可以明白，這是媽媽妳自己的恐懼，並不是孩子的問題，對吧？

問題就在於媽媽自己抱持的負面情緒，會因爲「必須要教好他！」而感受到怒氣，其實是媽媽自己心底深處的「好可怕」「好難過」……也就是內心的舊傷，只要把這變成治療舊傷的機會就好。

「我是爲了什麼，要這樣拚死的指導孩子？」

「我是爲了誰而這麼做的？」

在妳詢問自己這些問題的時候，就能夠發現隱藏在自己憤怒底下的眞正的心情，這樣教訓孩子的聲音、以及內心所期望的事也會有所改變唷。

對孩子令人無法置信的舉動給予致命一擊！

以下要介紹幾個我在講座當中的「魔法方法」——那是我自己覺得煩躁的時候也能開心使用的魔法。

無論是誰，要治療長久以來深藏內心的心理習慣，都會非常耗費時間。但只要使用這些魔法，就能讓妳變得比較開心而輕鬆了。

一開始媽媽們也會告訴我：「怎麼可能！」「爲什麼要那樣做!?」但這卻是對於面對孩子有無法置信舉動時最有效的方法。

這句魔法就是：**「眞不愧是○○大師！」**

光是想像自己說出這話的樣子，應該就會忍俊不住吧。舉例來說，如果孩子的名字叫一朗，就試著說一聲：「眞不愧是一朗大師！」

這對於那些明明自己還有其他想做的事，但卻得要做家事等而感到煩躁的【很在意缺點】類型的媽媽特別有效。

舉例來說，一朗小朋友在晚餐後應該去寫功課了，但他卻懶洋洋地躺在沙發上看電視。媽媽看見他這個樣子，忍不住想著：

「也不去寫功課，到底是在做什麼！應該先完成必須做完的事吧！」眼看怒氣快要爆發……這種時候，就該用這個句子！

也可以直接對著孩子說，不過請先對著自己說這句話：**「眞不愧是一朗大師！明明還有功課沒寫，居然能那樣平心靜氣的看電視呢。」**這樣一來，就算只是小小聲的說，媽媽自己應該也會「呵呵呵」地笑出聲來吧。

用這種方法**稍微改變一下觀點來眺望自己感受到的狀況**，就比較能夠明白自己爲何會對一朗小朋友生氣了。媽媽也像一朗小朋友一樣，其實是有更喜歡、想要做的事，而不想在這裡做家事吧。

但是**媽媽自己卻用「喜歡的事，應該要擺在應該做的事之後！」這個規則綁住了自己，所以才想用一樣的規則來束縛孩子**。

可以的話，媽咪在唸過「眞不愧是〇〇大師！」這句咒語以後，試著模仿一下孩子這位大師的行動吧。試著遵循「我想這樣做！」而不是「應該這樣做」的心情來行動。

「和家事相比，我眞正想做的事是什麼？」

「是和孩子一起悠閒放鬆、看電視？」

「還是在飯後悠哉地喝杯咖啡？」

……諸如此類，什麼都行。請妳實際上去做那些想到要做的事。

這樣一來，媽媽自己心情也會變好，就能夠在想做家事的時候再去做，也不會對著孩子煩煩躁躁了。

不要把自己的想法強加到孩子身上，而應該從孩子身上學習，這句話其實是讓媽媽發現自己眞正心情的「魔法話語」。

拿掉假髮、敞開那個沒用的自己！

這是心屋式名爲「假髮法則」的項目，是非常容易的方法，以下就介紹給大家。

人在頭髮變少時會想要隱藏這點，因此有些人就會悄悄戴上假髮遮掩，但其實有頗高的機率，周圍的人都看得出來妳戴了假髮，只有本人覺得自己好像沒被發現一樣，這會讓周遭的人也非常難以應對……

如果妳戴著假髮，那麼只要試著說：「其實我戴了假髮呢。」

那麼周遭的人也會表示：「噢，這樣啊。我知道。」

也就是說，**戴著假髮遮住頭髮變少的部分這件事本身並沒有問題，問題是在於「想要隱瞞戴著假髮的事」**。

相同的，有著育兒煩惱的媽媽們也是，其實「自己很遜」「自己辦不到」這種事一點問題也沒有，想要隱瞞這些事才是問題所在。因此，請自己說出口：「我辦不到啊！」反而能讓自己和周遭的人都覺得鬆一口氣。

與其因爲辦不到而非常在意，擔心要是被其他人知道所以膽戰心驚，還不如這樣比較能維持自我。

所以**妳也不應該試圖隱藏自己不太成功的地方，就乾脆點把假髮拿下來，慢慢地將那些地方顯露給能夠信賴的人看吧**。這樣一來，就會慢慢地能夠維持「原有的自我」，而變得非常輕鬆。

掌握自己人生的方向盤，好好思考

我們人啊，雖然幾乎大部分的問題都是自己引起的，卻不會注意到這件事。在老掉牙的笑話當中，就有這樣的例子吧？登場人物踩到了香蕉皮，跌了個狗吃屎，於是憤怒地說：「是誰？把香蕉皮丟在這種地方？」

但其實把香蕉皮忘在那個地方的，就是他自己！——大家都聽過這種段子吧？我們其實都和那個角色一樣。

當發生問題的時候，雖然我們對此非常憤怒或煩惱，但如果可以注意到「說到底，原因出在自己身上」這件事，然後就能去解決問題。在講座中，把這個過程稱爲「發現段子」。

也就是說，**面臨某些問題的時候，只要能夠注意到：「其實這是爲了要讓我發現更重要的寶物，所以自己下意識的想這樣做！」那麼就能夠以一種與過往完全不同的方式來看待問題**。

舉例來說，以言語來描述應該比較容易理解，比如「我被罵了」或者「有人說了我的壞話」這樣，當一個人面臨問題的時候，幾乎都會以自己是一個被動受害者的方式來看待這些事，是因爲我們會覺得自己是「被動的受害者」，對吧？

只要將這些句子加上自己能夠獲利的助詞「爲我～」的話，那麼就很容易看清楚段子的樣貌。

舉例「被罵了」這樣的句子來說，如果我們被其他媽媽朋友責罵，就很容易煩惱：「爲什麼我會被罵呢？」「被罵了覺得好難過。」

把這樣的句子轉換成**「（因爲我如此期望）所以讓媽媽朋友責罵我」，那就可以看清這對於自己有什麼樣的利益（間接利益）的觀點**，如此一來，就可以明白其實是有非常多好處的。

舉例來說，有一位就提出，**「讓人責罵我」的優點就在於，能夠發現自己其實非常責怪自己那件事**。

當我們被人責罵的時候，應該都會覺得「唉唷好痛！」「唉呀呀呀眞的好痛！」而覺得煩躁對吧？那正是因爲，對方指責妳的事，正是妳最在意的。也就是說，因爲自己非常自責之處被他人掀了開來，所以才會怒上心頭，想要反駁對方，又或者因此感到十分消沉。

因此在妳思考著希望他人「不要責怪我啊！」之前，妳必須先發現，是妳不該責備自己才對。

第二個**優點就是，如果是「讓人責罵我」，就能讓自己成爲被害者、而對方就是加害者**——這種說法，想來會讓人覺得有些刺耳吧。

也就是說，讓某個人責罵妳的話，就可以讓其他人覺得「那個人好過分喔」「妳好可憐喔」而站在妳這一邊，還會對妳說「妳根本不用在意那種事」，大家都會對妳很溫柔，我想妳下意識是知道這一點的。

其實這正是因爲妳長久以來的心理習慣，老是想著：「如果我不是可憐的人，就沒有人會願意站在我這一邊了。」所以一旦發現這件事，就能將原先所相信的完全翻轉：

「就算我不可憐，也還是會有人站在我這邊！」
「我越是開心又幸福，就越會有許多人支持我！」

只要從原先那段子的舞台上跳下來就好。

在妳一直想著「我被～」的時候，就是將主導權交在別人手上，認爲自己什麼事都辦不到的狀態；但是，如果是「我讓人～」的話，主體就是妳自己，也就能發現自己引發了什麼樣的狀況。如此一來，是要讓事情繼續下去呢、還是要停止這種做法呢，這是妳自己可以選擇的事，也就能夠感受到**自己掌起舵來控制人**

生了。

實際上眼前的問題，有很多只要把觀點改變爲「我讓人～」之後，心情也會變成以下這樣的狀態。

瞬間收起煩躁的方法

每天在照顧孩子，如果看到孩子把玩具丟得整房間都是，因而忍不住怒吼：「爲什麼不好好收拾？」這樣的場景想必數也數不清。因爲一直非常煩躁，累積到一段時間，憤怒就會爆發出來。

這種時候，如果轉頭一看廚房……唔哇，一樣丟得亂七八糟啊！

「唉呀呀呀！我也一樣啊……」一瞬間就會怒氣全失了吧。因爲眼前的孩子完全就是映照出自己樣貌的鏡子。

妳應該會發現：「我也很討厭自己老是不把東西收拾好，所以看到孩子那樣，才會這麼生氣。」

看著孩子覺得討厭的地方，其實就是媽媽討厭自己的地方。如果是【很在意缺點】類型的媽媽，應該特別明白這點。

「噢，我也很討厭自己會那個樣子啊，」因此如果能夠認可、原諒自己的行為，那麼針對孩子的煩躁感，也應該會冷靜下來唷。

我也經常會輕笑出聲地說著：「唉呀呀呀（笑）！」這麼一來，可就沒辦法生氣啦。

妳能將「可以生氣」說出口嗎!?

抱持著育兒煩惱的媽媽，我想大概都是這種情況，就是想著「絕對不可以生氣！」然後一而再、再而三的忍耐，最後就爆發了。

我在諮詢的時候也經常會說，像這樣「不可以~」的**否定命令，也就是「不可以生氣、不可以生氣」這種要求，越是禁止就越是容易令人想要發怒**。這樣一來，之後罪惡感又會變得非常龐大，不僅僅會感到自責，甚至還會怪罪到讓自己做出這種事的孩子身上……

遇到這種情況，請試著對自己說：「我可以生氣的！」

如果平常一直想著「我可以生氣、我可以生氣」，那麼就算是對孩子發了怒，也馬上就能消氣，反而會因爲表露一些不愉快，而更能容易將自己的心情傳達給對方知道，也不容易累積成像岩漿那樣整個噴發出來的怒氣，煩躁感也不再一次爆炸開來。

還請妳務必對著自己說這句話，允許自己做這件事吧。

如果無法停止責備自己，那該如何是好？

如果有人非常煩惱、不斷責備自己：「我不覺得孩子可愛」「我覺得孩子好讓人煩躁！」

那麼周遭的人也只會拚命激勵妳：「沒問題的啦~」「這不是妳的問題啊~妳不要自責啦~」但這樣一來，有些人雖然會因此而鬆了口氣，但也有人會因此而更加苦悶。

這是由於煩惱的當事者其實是希望大家能夠了解「我是如此糟糕的爸媽」，

結果其他人卻說「沒有這回事」，那可就不僅僅是自己所認定的事遭到否定，也顯然對方根本不明白「我有多糟糕」。

因此，就只好在周遭的人了解這件事以前，維持一個糟糕父母的樣貌、不斷責怪自己，直到有人會來責罵自己爲止。

對於這樣的媽媽，我能夠提出的對應方式，就是**拜託一個能夠相信的人，請對方一起好好的責罵自己**。這是我在諮商的時候也實際執行過的方法：「妳眞是個糟糕的傢伙呢～」「眞是有夠爛的爸媽～」

請他們了解妳的糟糕之處。

這個方法乍看之下似乎會令人感到非常痛苦，但其實用了這個方法的當事者都說：「終於有人能夠明白我實在有夠糟糕的。」反而有鬆了口氣的感覺。

另外，一旦被其他人責備，也可能會非常生氣，心想：「怎麼這樣說我，好過分！」

即使如此，其實他們說的這些，都是妳平常在內心下意識責備自己時用的話語，一旦請站在客觀立場的人說出口，妳就會發現：「原來我竟然用這麼過分的話語來責備自己！」這將會成爲一個契機，讓妳打從心底覺得「我不應該再繼續自責了！」這樣一來，妳慢慢就能夠成爲最支持自己的人了。

另外，在處理自責的應對方式當中，還有一種方法是可以自己進行的。就是**決定一個「在這十分鐘內，我要拚命罵自己！」的時間，然後在這段時間內，責罵所有妳覺得自己不好的地方、覺得自己很糟糕的地方、妳討厭自己的部分**。如果能夠寫在筆記本或便條紙上，效果也很不錯。

舉例來說，像是：

「我居然對著孩子說『不可以那樣做喔』，打算單方面誘導他的行爲。」

「對於不幫我照顧孩子的丈夫，我雖然想抱怨他卻說不出口。」

「其實我根本不想向其他媽媽道歉，卻也只能用『對不起』含糊帶過。」

「啊～我有夠糟糕的！」

「我爲什麼這麼遜啊！」

「我眞是個冷淡的傢伙！」

「我太過分了～」諸如此類，只要浮現在腦海中的都可以，總之就是用這十分鐘好好罵自己。

這段時間其實挺長的，所以一不小心脫口說出的會變成：「好餓喔～」又或者是忽然想起了「噢，先前我稱讚過孩子呢」這類自己的優點。我想妳應該就能夠明白，其實「不用責怪自己也沒關係」這件事吧。「不用責怪自己也沒關係」這件事，很容易被捲入自責的心態當中而被遮蔽。

如果拚命逃避現實，老是想著「不可以責怪自己」「責怪自己會很痛苦」，那麼反而會拖拖拉拉地一直非常自責。

但如果轉變成「現在一定要好好的罵一罵自己才行！」反而會演變爲：

「啊，我現在並沒有在責怪自己。」

「有時候不自責也沒什麼關係嘛！」

同時發現自己已經不再自責，也沒有必要再繼續勉強自己責罵自己了。

請找到能夠愛孩子的自己

在前述的「在這十分鐘內，我要拚命罵自己！」的方法，也可以應用來解決【無法愛小孩】類型以及【不疼愛哥哥或姊姊】類型的媽媽們的煩惱。

來參加我的講座的媽媽們中，有許多人告訴我：「我不愛孩子！」「我就是沒辦法覺得哥哥姊姊可愛！」

如同本書前面也有提過的，會這樣想，其實是與媽媽自己內心的舊傷有非常大的關係，因此在講座上要先面對這件事。如果這樣還是會持續自責「我不愛他」「我不覺得他可愛」的人，我會給她們一個功課。

「請妳一整天都不要想著孩子很可愛！」

我給她們一天的期限，請她們實際在家中執行。

如此一來，做過功課的媽媽都會馬上來向我回報狀況。舉例來說，當中有一位就告訴我，她一整天都努力的在腦中想著「不可愛！一點都不可愛！」卻在幫孩子換尿布的時候，忽地看見了孩子的笑臉，腦中卻冒出了：

「啊，我剛剛覺得孩子好可愛。」

「啊，我又覺得孩子好可愛！」

只要實際上使用了心理學當中的「否定命令」，自己專注的那件事就會在不知不覺中轉移，反而會一直注意到孩子會讓妳覺得可愛的地方。如此一來，妳就會發現先前以為「自己並沒有」的愛情，「其實就在自己內心深處」了吧。

如果妳正想著「我不愛孩子」「孩子一點都不可愛」，要不要試試看否定命令的實驗呢？

用「假裝靈魂出竅」遊戲來消除煩躁感！

當妳責罵孩子的時候，很可能會覺得非常煩躁：「為什麼我說了這麼多次，他就是不肯聽我的話？」

這種時候，我建議妳「假裝靈魂出竅」。

首先**在心中將妳自己和孩子的形象交換，然後讓自己進入孩子的身體。再從那個位置眺望著身爲母親的自己，試著去感受那樣的感覺**。這是在諮詢的時候經常會使用的手法，我試著將這種方法融入生活當中。

以我自己作爲範例來說，我的孩子在小時候只要從浴室出來，總是會赤裸裸地在房間裡跑來跑去。不管我說了幾次「穿上衣服！」，孩子仍舊是這樣亂跑……所以，就在我覺得：

「眞是的！搞什麼啊！」

「爲什麼不肯聽我的話！」

這個時候，我試著在腦中模擬自己靈魂出竅的感受。

結果一臉樣貌可怕的憤怒媽媽就站在我眼前，成爲孩子的我也不禁呆住：

「咦？可是很開心啊～媽咪～」

我腦中冒出了這樣的回答。沒錯，孩子只是覺得很開心而已，完全不帶任何惡意。如果妳能夠感受到這件事，那麼也能夠認爲：**「唉呀，畢竟很開心嘛！」**

也就能夠原諒孩子，一瞬間就收起怒氣。

在我的客戶中，有一位的丈夫似乎會做這個靈魂出竅遊戲的變形版。由於她非常擔心孩子一直沒有準備第二天上學要用的東西，每天晚上都會唸孩子：

「○○，還不去準備明天的東西！還沒有準備好嗎？」

有一次，她老公在旁邊聽到了，就在她剛吃完飯的時候對著她說：

「妳碗洗了嗎？妳還沒洗對吧？」

「不是要收東西嗎？都堆在那裡對吧？快點收一收啊，這不是很容易的事嗎？」

刻意用了與她非常相似的語調，對著她說這些話。

她正想著：「咦？這是怎樣？」的時候，老公就對她說了：「妳每天晚上都對那孩子做一樣的事唷。」

聽到這話她才驚覺「哇～！」「這樣眞的很惹人厭耶」，終於發現孩子有多辛苦。

嘗試做靈魂出竅遊戲，就能夠非常了解自己對孩子做了什麼樣的事，也能夠讓自己不那麼煩躁。

不能說壞話嗎!?

我想應該有非常多媽媽，當自己的孩子在幼稚園或學校被人霸凌時，會想著：「這該如何是好……」

如果孩子被人欺負了，身爲媽媽來說，很容易就脫口而出：

「你是不是做了什麼不好的事？」

「不要那樣畏畏縮縮的。」

「你要積極思考啊！」

身爲爸媽雖然想幫孩子解決問題，因爲實在太想要鼓勵他，結果就說出了這種話。但是對孩子來說，聽到這種話反而會覺得，原本以爲媽媽是最了解自己的，但怎麼好像是自己不好呢，就會想著：

「我絕對不會再告訴媽媽了！」

然後關上心門，孩子甚至可能會非常自責：

「是被人欺負的我自己不好……」

「不可以為了這點小事就覺得難過啊……」

當孩子被欺負的時候，請和孩子抱持著相同的心情，試著和他一起說出對於欺負他的人產生的怒氣及抱怨。這是專業諮商者經常使用的方法，就請媽媽們在家裡和孩子一起使用這種方式。

一開始就兩個人面對面，要好好的把欺負孩子的人的名字說出口：

「○○，不要再這樣了～！」

就先一起吶喊這樣的話語。然後依序說出：

「我也想加入你們啊！」

「為什麼要欺負我！」

「最討厭使壞心眼的○○了！」

「討厭他、超討厭他！」

「笨蛋、大笨蛋～～～～！」

兩個人一起大聲說出這些話吧。

孩子就算被欺負了，他的心中還是會想著：**「不可以說別人的壞話。」因爲無法說出口，所以會非常痛苦**。因此，應該由媽媽帶著他，兩個人私下讓孩子把內心想說的話都說出口。如此一來，孩子的心情也會覺得比較輕鬆。

實際上在諮商的時候，我會先請媽媽說出這句話：

「○○眞的超惹人厭的！大笨蛋！」

把堆積在自己內心的思緒吐露出來，讓內心較爲輕鬆。這樣一來，也會知道**其實感受到任何情緒都不是問題**。

我先前也提到，一旦**豁出去把話語說出口，就會發現**，「被欺負了覺得好寂寞」「好難過喔」這些**深藏在憤怒底層的情緒會自然跑出來。因此也能夠對於自己的情緒有所共鳴**，而發現自己其實是：「很寂寞」「很悲傷」的眞實情感。

這樣一來，就**能夠詢問自己**：

「那麼其實我想怎麼做呢？」

這才是**眞正的心情**。之後就會覺得：

「那麼我就試著說出來吧！」

這**並不僅僅是能夠對著對方說出來，同時也能夠因此發現自己眞正的心情，而能夠鬆一口氣**。

「不可以說別人的壞話、或者非常負面的話語！」

不要用這種道德上的規範來審判孩子，而是應該和孩子一起感受情緒，然後吐露出來。這樣一來，不管是孩子還是媽媽，都能夠感受到自己被霸凌的傷害獲得治療喔！

就算被霸凌，媽媽也是最支持孩子的人

對於那些因爲被霸凌而說出「我不想去學校！」的孩子，另外還有個方法是**「將討厭的人綁在火箭上發射出去」的遊戲**。

當然這只是「想像上的」方法，就請媽媽告訴他：

「要不要把○○綁在火箭上，把他射到宇宙上啊？」

然後請孩子配合著想像一下，就連意志消沉的孩子都會覺得開心喔。

要用什麼顏色的太空船、那有多大、負責駕駛的太空人是兔兔……等，想像

很多細節，然後：「那麼，發射～～！轟隆隆～！」

將那個欺負人的孩子在想像的世界裡丟到老遠的地方去，孩子也會因此鬆了一口氣。

前幾天我有個客戶讓自己被霸凌的孩子做了這個遊戲，非常開心地來向我報告：「只要射出火箭，孩子的表情就變得好輕鬆，第二天他就去學校上課了！對於那欺負人的孩子的不滿，他也都在家裡吐得一乾二淨，所以似乎能很平常的和對方說話呢！」

只要能讓孩子明白，媽媽就是最支持自己的人，孩子也會感到安心。

第五章　總結

・用適合自己的方法來帶孩子吧。

・會覺得消沉、感到受傷的都是自己。只要稍微改變一下觀點、眺望自己的狀況，就能夠發現真正的自我。

・不要再繼續隱藏「很遜的自我」，請讓原先的自我走出來吧。

・大多數問題都是自己做出來的段子。請發現這件事，不要再當個被動的人，而是自己掌舵操控人生。

・如果孩子遇到霸凌，請媽媽和他一起吐露不愉快的心情。

第六章

為了維持一個快樂媽媽的樣子

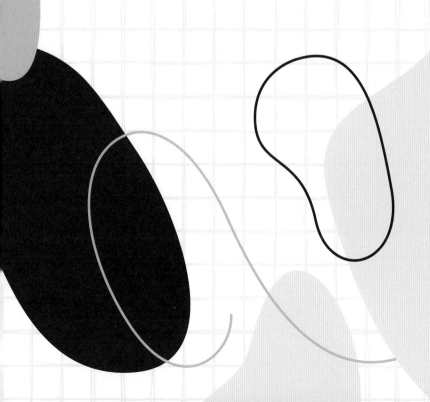

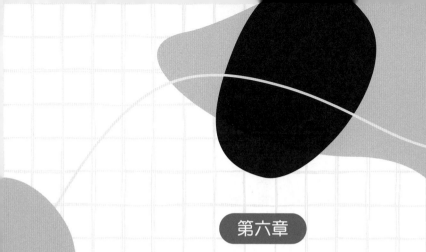

是不是打算當麵包超人？

麵包超人非常受孩子歡迎！我在自己孩子還小的時候，也非常仰賴麵包超人。但是身爲媽媽的妳，是不是打算讓自己也像是麵包超人那樣？

「爲了世人！爲了孩子！」然後拚命削弱自己的身子（麵包超人是削自己的臉啦），什麼都想奉獻給孩子。當然，那也是因爲妳非常愛孩子。

但是，麵包超人就算削下自己的臉龐，也能夠馬上做一個新的臉頰補回去，而媽媽削弱自己身心到了疲憊不堪的地步，有辦法自己修補回來嗎？

如果不自己盈滿內心的愛，是絕對沒辦法把愛分給別人的。因爲育兒而非常煩惱的媽媽們，都已經犧牲自己、變爲內心空蕩蕩的狀態，因此希望孩子能幫忙補滿這些空，所以才會非常煩躁而又感到憤怒。

「我都已經這麼努力了，爲什麼孩子就不能回應我？」

正因爲妳想要爲孩子灌注滿滿的愛情，所以請先把自己的內心填滿。這也是爲了孩子，請妳先將自己補滿，爲此我希望妳遵守下面兩個原則：

- **不想做的事就不要做**
- **做自己想做的事**

只要每天累積一些小小的事就好。即使是面對孩子，只要媽媽覺得不是很想做，就說「不要」。希望有人幫妳的時候，就說：「幫幫我！」如果不想做，那就不要做。藉由這種「珍惜自我」，來讓妳能夠更加相信自己。

如果媽媽能夠把自己的「喜歡」或「開心」都擺在優先事項，那麼孩子看見妳的樣子，他就能夠灌注愛給妳。不管是偷懶沒做家事、還是在做其他的事，妳一直維持著笑容的狀態，對孩子就是最好的。

改掉「真是抱歉」心理習慣的第一步

以我來說，即使已經成爲諮詢師了，還是隨時都會發現：「噢，我還是有會這樣想的心理習慣呢。」並且在發現之後重新觀察自己的內心舊傷。

以前的我，原本總是想著：「所謂重視自己，到底是什麼意思呢？」甚至可說根本就不了解其真正涵義，只是拚命勉強自己、讓自己忍耐、覺得自己什麼都不說，是理所當然的。

但是，前面的章節當中我也有提到，一開始對於「不想做的事就不要做」「做自己想做的事」雖然會感到害怕，但每次感受到自己內心的喜悅時，就覺得這才是應該擁有的感受。

如果覺得煩躁或扭捏苦悶，就會馬上感受到異常：

「咦？莫非這並不是我想做的事？」

「我是不是想欺騙自己的內心？」

在日常歡樂的場景當中，以前我也經常配合他人發笑，但現在則能打從心底笑出來，真的非常開心。丈夫也對我說：

「妳看起來總是很開心呢，真是太好了～」

其他人與自己，妳不希望被誰討厭？

其實如果能夠做自己喜歡的事、維持原本的自己，那麼就會有好也有壞處。畢竟會有歡迎自己這種人的對象、也會有不太喜歡自己的人吧。

但是，**只要妳是最支持自己的人，那麼就不會太在意「好」或「壞」了**。

舉例來說，就算被某個人批評，只要妳肯相信自己，那麼就不會變成「被批評的人」——也就是妳並不是受害者。

如果能夠坦然面對自己生活，那麼自然會有人能回應妳眞心話的人出現。並且可以和對方成爲不是只說空話、而是能互訴內心話語的關係，這在面對丈夫或孩子的時候也是一樣的。

放掉完美媽媽主義的想法

我現在委託媽媽朋友，請她以職業身分來幫我做家事代理。一開始我試圖尋找專門業者，但因爲業者的案件也很多，總是無法配合我的時間前來。

因此我只好死馬當活馬醫的詢問擅長打掃的媽媽朋友：「不知道妳能不能來打掃我家呢？」沒想到她也開心的反問：「咦？可以讓我去嗎？」而接下這份工作，我現在眞的受到她非常大的幫助。

以往的我，連要請請媽媽朋友來家裡都辦不到，所以我自己對這件事也非常驚訝，看來我也有所改變了呢！

我的案例是比較特殊，但打掃等家事若是委託專家業者來處理，就能夠將那些時間拿來做自己喜歡的事，也可以專心照顧孩子，我覺得非常好，尤其推薦有工作的媽媽比照辦理；但是當中當然也會有人認爲：「我很害怕自己對家庭沒有貢獻。」

我的客戶當中也有這種人，因爲她們認爲把家事交給專家，那麼自己在家裡就沒有存在價值了。由於認爲自己的工作被搶走、那麼她就沒有留在家裡的意義了，所以不敢委託業者。

請先試著練習不要這麼想。

只要能想到：「要兼顧工作和家事是非常困難的。」那麼接下來就是：

「家事交給別人也沒有關係。」

「我可以向別人求助，沒問題的。」

「不管這件事上我有沒有幫上忙，我都可以待在這裡的啊。」

這樣就能諒解自己去做這件事。爲了能夠放手做想做的事，最重要的就是在各種情況下都要聆聽自己的心聲。

媽媽就是孩子的專屬諮詢師

當媽媽找回自我、做自己想做的事而笑容滿面，孩子也會感到安心。就算孩子發生了什麼問題，也能夠在家庭裡解決。

就算不是職業專家，媽媽只要在家庭裡當自己孩子的諮詢師就夠了。

雖然說是諮詢師，但其實並不是要妳「成爲能解決問題的人！」只需要讓孩子能在內心想著：「媽媽願意了解我的心情」「不管發生什麼事，都可以跟媽媽說沒關係」「媽媽就是最支持我的人」就可以了。

我聽過許多媽媽的煩惱，認爲最重要的就是**「不要一個人獨自面對」**。要在學校或者職場上生存下去，持續逃避問題是非常困難的。但是，這樣一來有煩惱或者受傷的時候又該如何是好呢？

有許多人在當時受傷的心情沒有對象可以傾訴，一直到成爲媽媽了還是感到痛苦。正因如此，才需要在自己的孩子還小的時候，就爲他打造一個不需要自己去面對問題的環境，我認爲這才是最重要的。

如果媽媽能夠成爲最支持自己的人，那麼就能夠相信孩子、並且與他並肩而行。只要廣傳「媽媽是孩子專屬的諮詢師」概念，那麼在育兒道路上摔跤的人應該也會減少。

媽媽唯一能為孩子辦到的事

先前我說到，從前我對於長女所做的事也經常感到煩躁，因此女兒也經常膽戰心驚、根本不敢敞開心房，我一直都非常煩惱，不知道應該如何才能擁有良好的親子關係。

但是如今，那種過去簡直就像從未有過似的，我和女兒常一起開心嘻笑。

前幾天，我出差剛回到家，和小兒子非常開心的聊著棒球比賽的話題。沒想到長女走了過來，對著我說：「妳都只抱著弟弟，好過分！我也想要抱抱啊！」

畢竟平常我也因爲女兒和自己同性別、該說是總覺得有些不好意思吧，所以一直不習慣抱她，聽見她這麼說，我慌張地將手往她的頭上伸過去，僵硬地簡直像是扣住她的頭……結果她居然對我說：「媽媽，不是摸我的頭，手要放在我背上啦！」唉呀（笑）。

女兒都已經國中了，竟然還能這麼老實的說出自己的心情，我覺得眞的是非常棒。這是因爲以前，**我沒有被愛的自信，所以說不出口吧**。要是被拒絕了，那眞的會非常令人難過。

對我來說，這件事實在是太令我高興了！現在只要想起這件事，就忍不住湧出歡喜的淚水。

就算是我從前認爲自己是糟糕的母親，我的愛也有好好的讓女兒明白了……這給了現在的我非常大的自信。

各位媽媽應該多多少少都有著各種煩惱，但請不要再自責：「對不起，我不是好媽媽。」

請妳要原諒自己，才能夠更加重視自己以及孩子。請妳要這樣相信，然後邁向快樂媽媽之路吧！

第六章　總結

・要滿足自己的基本條件，不做那些不想做的事、並且做自己想做的事。
・媽媽如果能保持笑臉、將自己「喜歡」「開心」的事擺在第一順位，孩子也能灌注愛給妳。
・成為自己最好的夥伴，就不會在意其他人的評價。
・媽媽是「最支持自己的人」，就能成為「自家孩子專屬諮詢師」。

終章

智花老師諮詢時間

——明白自己舊傷的媽媽們——

案例1

要如何才能消除煩躁感與罪惡感？

我有個幼稚園的大男孩（6歲）。但因為我也有在工作，所以經常被時間追著跑，只要孩子拖拖拉拉、導致行程無法照原先預定進，我馬上就會變得非常煩躁，因此大聲斥責他。

兒子最近開始會窺看我的臉色，然後對我說：「對不起，媽媽。我最喜歡妳了。」我是否也有【很在意缺點】類型的傾向呢？每次看見他的臉，我就會反省：「噢，我又做出這種事。」——每天都是這樣。

因為我自己無法好好掌控時間，結果把煩躁都發洩在孩子身上。我明明知道是這樣的情況，卻又不知道該如何是好……我應該要怎麼做，才能夠消除這種煩躁感呢？

只要感到煩躁，我就會覺得「真是抱歉」

媽媽　智花老師，請多多指教。我最近真的對於孩子感到非常煩躁。我每天都會事先決定好「這件事幾點之前要做」，如果沒有按照預定，我就會對孩子發脾氣，說「你為什麼都在發呆！」「媽媽非常拚命地努力啊！收拾東西這種事，你要自己去做啊！」

智花老師（以下稱智花）　妳自己在小時候，是會好好遵守時間的孩子嗎？

媽媽　是的，的確是這樣。我母親是小學老師，家裡有我和小我三歲的弟弟兩個孩子。母親對我們的管教十分嚴格，對時間也非常嚴謹。

智花　你認為母親是什麼樣的人呢？

媽媽　我對於母親，是「恐懼」到會對她用非常尊敬的說話方式講話的。我無法違逆母親，所以一直都在扮演一個「好孩子」。**我無法開口說出自己的心情、我只會說能夠讓母親聽起來開心的話、因爲父母會高興所以努力念書……**大概是這樣子吧。

智花　那麼你對自己的孩子又是如何呢？

媽媽 對於孩子，我非常希望能夠讓他自由一些，所以也有對他比較寬鬆的部分。但是等我察覺時，發現自己也在做與母親相同的事。我明明不希望父母綁著孩子，但只要時間一逼近，我就會感到非常煩躁，而對他發怒。

智花 妳最近有沒有什麼特別在意的事？

媽媽 先前我們請了四個朋友到家裡來，辦了一個小型宴會，來了很多小朋友，而我兒子二話不說的就把家裡的玩具和布偶隨意地送給他們了。那可是我們去動物園的時候，兒子鬧脾氣說：「好想要、好想要！」所以才買給他的，但他卻沒有任何猶豫就送給別人了。等大家回去後，我非常憤怒地問他：「為什麼都給別人了？」兒子對我說：「因為朋友說他真的很想要，我覺得他會開心啊。」聽他這麼說，我不禁反省起自己：「是不是因為他是我的獨生子，所以我給了他太多東西呢？」

智花 **也就是說，雖然妳對兒子發脾氣，但其實也是因為妳身為媽媽，覺得自己太寵他，所以心中有罪惡感是吧。**

媽媽　沒錯，我的確是有罪惡感。

希望媽媽能夠更常露出笑容

智花　接下來我要說幾句話，希望妳能夠跟著我一起把這些話複述一遍。

媽媽　好的。

智花&媽媽　媽媽，我一點都不想那麼努力啊。

就算我不是個好孩子，希望媽媽也能夠認可我。

其實我希望妳能對我溫柔一點。

不能自由自在的，我覺得好痛苦喔。

真希望妳能讓我自由一點。

我好想要跟媽媽多多撒嬌喔。

真希望就算我不夠努力，妳也能夠認可我。

媽媽，希望妳能夠認可真正的我。

請妳認可不是好孩子的我。

媽媽沒辦法認可我，我覺得好寂寞。

我希望媽媽能更常露出更多笑容。

媽媽一生氣我就覺得好害怕。

真希望能夠一起嬉笑啊。

智花 這個叫做**內心孩童練習，是在本書的第二章練習題④（91頁）中也有列出來的，就是回顧自己的孩童時期、試著去感受當時的感情的練習**。現在實際上把這些話給說出口，妳覺得如何呢？

媽媽 我回想起好多小時候的事，尤其是「希望媽媽能更常露出更多笑容」這句話，我覺得心頭被揪得好緊，內心深受震撼。

就算想撒嬌也害怕被拒絕

智花 做練習題的時候，妳回想起哪些場景？

媽媽 我看見了自己小的時候，站在廚房裡的媽媽以及我自己。

智花 站在廚房裡的媽媽，臉上是什麼樣的表情？

媽媽 是非常精明的感覺，非常俐落地在做菜。

智花 媽媽有看著身為孩子的妳嗎？

媽媽 不，她並沒有在看我，她完全背對著我。

智花 所以是身為孩子的妳，看著專心在做料理的母親背影，對吧？妳是以什麼樣的表情看著母親的？

媽媽 雖然覺得膽戰心驚，還是希望她能夠認可我在這裡的感覺……我想我應該是想多跟媽撒嬌吧？

智花 其實妳想跟她撒嬌，但如果對著母親的背影說「我想撒嬌」，妳覺得會得到什麼樣的回應？

媽媽 我想她會說：「我現在很忙，晚點再說！」然後拒絕我吧。

智花 如果被拒絕了，妳的心情會變得如何？

媽媽 我想我一定很受傷。

智花 **妳覺得自己如果說出真正想說的話，反而會害自己受傷**？

媽媽 是啊。所以，我想我一直都掩蓋著這樣的心情。然後戴著一副若無其事的面具。

妳將小時候的自己重疊在孩子身上呢

智花　裝成若無其事、一點也不寂寞的樣子。**真正的心情與實際上做的事，總是不一樣呢**。其實明明非常寂寞，卻裝成若無其事；其實感到非常難過，但因為媽媽想要的是「好孩子」，所以裝成沒問題。但是，因為妳明明很痛苦卻一直對自己說謊，自己明明在生氣，兒子卻告訴妳「最喜歡媽媽了」，就會忍不住覺得「這孩子是不是其實有什麼其他想說的話？」「他是不是覺得很害怕、很悲傷，所以才故意說謊的？」**妳把小時候的自己重疊在孩子身上了**。

媽媽　原來是這樣啊，我都沒有發現。

智花　妳看到兒子那種表情的時候，就會覺得「是我害他必須這麼說的」「是我害他說謊」，對吧？

媽媽　是的，我甚至覺得，他明明可以反駁我的啊，但他老老實實地跟我說「對不起」，反而讓我覺得「這樣好像是我對不起他……」

智花　**妳會覺得「你可以再多說些什麼啊」，就是因為妳自己小時候其實想要多說點的**。因為妳自己說不出口、覺得很痛苦，就會覺得「兒子是不是也很痛苦？」

媽媽 確實如此。我先前真的沒有注意到這些事。

智花 因為妳現在還有這樣的心理習慣，所以妳是不是也常常會有「我是不是這樣做會比較好？」「我是不是這樣說會比較好？」那種隱藏自己真正的心情，老是配合別人的情形？妳能把「好寂寞」「我不要」說出口嗎？

媽媽 我能夠告訴丈夫所有的真心話，但是對於母親，可能就沒有辦法了。雖然和以前相比，我與母親的關係已經好很多了。

一路以來一直都對母親小心翼翼

智花 妳和母親，已經比從前來得容易往來了嗎？

媽媽 是的。因為我討厭母親那樣嚴厲的管教，一直都很想離開家裡，所以有一段時間是自己獨居在外的，但父親過世以後，弟弟也因為工作調職而必須離開家裡，想到這樣母親會變成獨自在家，我就回老家去了。

結婚之後，我想女兒就在身邊的話，媽應該會感到開心吧，所以也是住在離老家很近的地方。

智花　是妳自己選擇要住在很近的地方嗎？

媽媽　是的。

智花　你去工作的時候，會把孩子託給母親嗎？

媽媽　沒有。雖然就住在附近，但總覺得不好拜託母親，而且我也不想時間很晚了還來來回回的，所以去幼稚園接孩子的事，就算是很辛苦，我也會自己下班後過去接。

智花　你現在還是非常小心翼翼的對待母親呢，**畢竟你一直以來都是這麼做的，這已經變成理所當然**。

媽媽　噢，原來如此，我現在還是會非常小心對待母親哪，連我自己都沒注意到。

智花　妳和弟弟之間有什麼問題嗎？

媽媽　現在兩個人都進了社會，非常忙碌，所以也沒怎麼連絡，不過小時候幾乎都是我在照顧弟弟的。那個時候幾乎只要沒有我，他就哪裡也沒辦法去，他總是跟在我身邊，連我和朋友玩耍的時候都跟我在一起。

智花 是因為母親叫妳們這麼做的嗎？

媽媽 不，是我自己這麼做的。連弟弟的育幼院那邊也是，那時候我雖然是小學生，但因為離我家很近，所以我會去接他。然後育幼院的老師總是斥責我：「要請爸媽來接啊！」我都會說「非常抱歉」然後仍然每天去接他。

智花 大人要每天去接他都很累了，還是小學生的孩子要每天去，應該是非常辛苦的。而且育幼院的老師也有罵妳，但妳還是不會覺得討厭、不想去嗎？

媽媽 對啊，因為那對我來說是理所當然的。

孩子不反抗反而令人覺得不安

智花 妳對於兒子是不是也有些話想說，卻又說不出口的呢？比如很擔心他看起來可能並不那麼想，卻又非常努力地說出「最喜歡媽媽了」，擔心他是不是其實非常難過。

媽媽　為了要平息我的怒氣，所以對我說「最喜歡媽媽了」，我也覺得這樣有點狡猾。兒子也許並不是想說「喜歡妳」，而是想告訴我「媽媽，請妳不要那樣講。」

智花　妳希望他說出內心真正在想的事，對吧？

媽媽　該說是希望他反駁我嗎……

智花　他都沒有反抗，讓妳覺得很不安吧。

媽媽　我想是因為當年我自己說不出口，因此更希望兒子能夠說出來。

智花　也就是說，妳是覺得「兒子是不是像我當年一樣，什麼都說不出口？」對吧？

越是在意，就越容易回想起嚴厲的母親

媽媽　現在我讓孩子去學習鋼琴，但他在家裡練習的時候，我有時會非常嚴厲的指責他，經常在反省自己：「是不是太過嚴厲了呢……」但我問兒子，他卻告訴我：「不會啊，妳沒有很嚴厲啊。」

在我還是孩子的時候，練習鋼琴只要錯了一小節，就會被母親啪地打手，我真的好害怕。所以就算我對自己的兒子沒有做到那種程度，還是很容易就反省自己：「我是不是說得太過火了？」「我這樣會不會太嚴厲了？」就算對孩子來說其實是還好的事，我也還是非常在意。

智花　正因為妳曾為此感到非常痛苦，所以會覺得：「我不可以成為那樣的母親。」所以只要有點感覺到「噢，又變得很像母親那樣了」，就會一直去比較。妳只要越在意這件事，就會想起嚴厲的母親。這是屬於**否定命令**（159頁）**的一種。妳越是想著「不可以變得像母親那樣、絕對不可以」，就會變成對自己下那項命令，反而會變成像妳的母親一樣**。

媽媽　咦！越是在意，反而越會變成那樣嗎？

智花　所以，**妳不能想著「絕對不可以變成像母親那樣」，反而應該要讓自己能夠認為「不管是變成像母親那樣，又或者不是她那樣，都沒有關係」，這樣一來，妳認為的問題就不會再是問題。**

試著吐露先前說不出口的話

智花

妳現在會對育兒這件事感到非常痛苦，其實就是因為妳在孩提時代，一直都想對妳的母親說「好可怕」「我討厭這樣」，卻又說不出口的緣故。

但也**正因如此，現在就是妳可以藉此了解自己內心傷口的機會！**

眼前窺看著自己臉色的孩子會讓妳覺得煩躁，他說「對不起」，妳就覺得對不起他，妳的內心會一直受到刺激，明白自己也曾經因為「無法對母親說出自己想說的話，覺得非常寂寞」。這樣一來，妳就有了原諒自己的機會：「妳可以說出所有想說的話，沒有關係的。」

今後請妳盡量告訴自己：「說出來沒關係的。」這不僅僅是在妳面對母親的時候，也可以試著對周遭的人說出妳想說的話。

這樣一來，妳慢慢地就能夠原諒孩提時代的母親，也就能夠相信：「就算我變成像母親那樣，兒子也一定能夠將他想說的話告訴我。」

畢竟以妳的情況來說，是**因為妳自己無法開口說出真正的想法，所以才會懷疑：「兒子是不是也是這樣呢？」**

媽媽　噢，孩子是自己的鏡子，對吧？

智花　沒錯。如果**媽媽妳能夠開口說出真正的想法，就會覺得「這孩子一定也會告訴我的」，因為這就像鏡子一般可以映照在孩子身上顯現出來**。這樣一來，就算媽媽自己變成了令人害怕的母親，也會認為「沒問題的！」喔。

媽媽　意思是說，要先解放自己嗎？

智花　沒錯。**對於孩子來說，「媽媽好可怕」的意思是「我好害怕被討厭」。正因為最喜歡母親了，所以才會害怕自己被討厭**。孩子會說「最喜歡媽媽了」，就是想告訴妳這件事。

媽媽　在我還小的時候，因為「媽媽好可怕」的念頭太過強烈，說實話我還真的不知道自己是喜歡還是討厭呢。

智花　就是單純的害怕吧。為了要能夠待在這個家裡，只好乖乖聽話。

媽媽　就是那樣。

智花 所以，現在最重要的就是，妳應該好好感受孩提時那種「好可怕」的心情，然後對自己說「我那時候真的很努力呢」。

在嚴厲與溫和之間搖擺的心理習慣

智花 **媽媽從自己小時候，就一直活在「應該非常嚴格」「必須非常堅強」等「媽媽法律」之下**呢。正因為有這樣的法律存在，所以在育兒的時候，就算想要以自己的意志選擇比較溫和的方向，中途也會覺得非常不安，因此又走回了已經感到習慣、甚至親切的母親法律那種嚴格管教方式。那就是媽媽本人的心理習慣。所以妳會自責、覺得「是不是我太寵他了呢」，其實就是因為內心覺得應該遵守母親的法律，而下意識的譴責自己。

媽媽 噢！

智花 但是，妳又會覺得「不可以太過嚴厲」，所以會一直束縛住自己。因此妳會用那種「我覺得這樣剛好」的程度來期望兒子能夠配合，結果反而束縛住兒子。

媽媽 當初我的母親和父親都有工作，但她也沒有拜託自己的母親，也不試圖留下自己的時間，就靠她自己把我們帶大。母親家事也做得非常完美，一直都是她自己做飯，不管是早餐還是晚餐她都有做，房間也全都打掃得很乾淨。因為我**一直看著她那樣，所以自己內心裡的「母親樣貌」也是那個樣子**，但實際是我自己根本做不到，所以經常都在反省。

智花 就是那樣啊，妳會覺得自己應該要成為像自己的媽媽那樣的母親。

媽媽 是啊，我想我的內心深處，其實一直都這麼想。

智花 我必須是個完美的媽媽——如果不像我的母親那樣做，她就會對我生氣；如果不遵守母親的法律，就會被嚴格管教、她會生氣、還會打我，所以應該要遵守母親的法律；我就是應該像母親那個樣子。但又覺得那樣很討厭，因此內心深處也有另一個自己不希望變成那個樣子。**兩邊都是自己，所以會非常痛苦**。

媽媽 是啊。就算我想要像母親那樣，但實際上我無法將家事做到完美，也沒辦法每一餐都自己做，而且也還是想要活得自由一點……

現在就進入妳的「反抗期」吧！

智花 其實想要自由自在，想要活得輕鬆一點，但妳卻阻止了自己。**妳想著：「這樣不行、不行！我得像母親那樣才行！」然後壓抑自己想要自由自在的心情，所以只要無法像母親那樣好好的做飯，就會覺得應該自責。**但相反的，如果打算遵守母親的法律執行，也覺得很痛苦，而開始責怪那個想要自由的自己。所以，現在就是妳進入反抗期的時候了。

媽媽 咦咦！反抗期嗎？

智花 妳以往根本無法反抗母親吧？因為情況並不允許妳做與母親不同的事，也不可能說出反對的意見。

媽媽 是的。

智花 **雖然說是親子，但畢竟還是不同的人類，妳會想做和母親不同的事，也是理所當然的。**

但是，因為妳一直無法諒解自己想要做不一樣的事，所以妳現在就應該要開始這麼做！

就算無法像母親那樣把家事做到完美、妳自己的工作還是能做得很開心；這樣工作和家庭其實兩方面都做得還不錯啊，**要開始練習「和母親做出不同選擇」**！

媽媽 噢，原來如此。

覺得內心苦悶時就是妳的機會！

智花 但是，因為腦中還是有個會責備妳的媽媽，所以覺得很害怕對吧？

媽媽 對啊對啊。我老是覺得好像有人對我說：「妳可是個母親，這點小事妳要做得來啊！」

智花 **這種時候，妳就問問自己：「那麼我想怎麼做？」**

妳可以聽從母親的命令，照自己以往生活的方式繼續下去；也可以心想「也許母親是擔心我才會那麼說，但我想這麼做啊！」選擇妳自己的道路。而那是妳自己選擇的。

如果先前要做出不同的選擇，就覺得好像偏離了正道而非常害怕。但是現在，**妳的孩子正撼動著妳的感情，告訴妳「我和媽媽是不一樣的人啊」「我想要活得像自己」**呢。

媽媽　這些話讓我好感慨。

智花　我想妳可能還是聽得到母親的怒吼、以往的心理習慣也都會往那邊擺動，但是之後，**只要妳的內心覺得苦悶，就是妳讓自己想著「不，雖然母親那樣說，但是……」**的大好機會啦！為什麼會這麼說呢，因為**那就是讓妳發現自己心情的訊號**。

所以，就算是之後才做也沒關係，請試著對母親說出當時的心情、又或者試著選擇另一個方案。這樣一來，就會轉變為「啊，其實我是想要這樣做啊！」「那麼我試著這麼做好了！」就**逐漸能夠選擇「自己想怎麼做」的道路了**。

在妳開始這麼做以後，就能夠逐漸不再被「母親會怎麼想？」的念頭束縛住，而能夠好好的過自己的人生唷。這樣一來，**妳自己實踐了「自己想做」的目標以後，也就能夠相信「這個孩子就算媽媽對**

他說了什麼，也一定能夠達成『自己想做』的目標！」。

媽媽　首先要從我自己開始對吧。

智花　沒錯，請妳開始進入反抗期吧！

媽媽　好的！

智花老師的建議

眞的有許多媽媽，由於受到自己母親的法律束縛，所以無法成爲「眞正的自己」，不斷對自己說謊，結果在育兒路途上備感痛苦。就像這個案例中的媽媽一樣。由於從小就認爲這是理所當然，所以沒有辦法發現這件事。

以本書提到的類型來說，就是【在意他人目光】類型以及【很在意缺點】類型。**他人的目光就是母親的視線，而自己被緊緊束縛的樣子，則映現在眼前的孩子身上，因此除了煩躁以外，也會非常有罪惡感。**

以這個案例中的媽媽來說，聽到孩子說：「對不起，媽媽。我最喜歡妳了。」感覺就像是孩子窺視著媽媽的臉色才會說出來的話，因此才慢慢注意到自己內心動搖的情緒。

在育兒的時候產生的煩躁感就是一種訊號，如果能在此時試著回想自己孩提時代的心情，就會發現當年因爲太害怕而無法對母親說出口、也無法做自己眞正想做的事，直到現在還仍然想著「有我的犧牲，母親才能夠獲得幸福」。

覺得煩躁的訊號，其實就是內心在告訴妳自己，妳並沒有活得像是眞正的自己。以後只要每次發現訊號，就試著問問自己：「我是不是在忍耐？」「我是不是太過努力了？」

一直重複做這種詢問，逐漸就能夠看清**「我究竟眞的想怎麼做？」**這樣一來，就不會再一切都以母親爲優先，而能夠把自己放在第一順位。

話雖如此，像這個案例中的媽媽，因爲從小就一直生活在媽媽的法律下，因此行動的前提是「我要努力讓媽媽幸福」「只要我好好忍耐，媽媽就會開心」，這樣一來，要把自己放在優先位置，我想應該是非常需要勇氣。

因此，請妳也考量到這是爲了妳自己的孩子好，**將內心的想法改變爲，我的行動前提是：**

- **我自由做自己喜歡的事，母親更能幸福！**
- **我忍耐並不能讓母親幸福，我的幸福才是母親的幸福！**

請顚覆妳長久以來深信不疑的事。

如此，即使長年來一直想著「爲了讓母親開心，所以我得好好忍耐」也能夠馬上發現這種心理習慣，進而想著：「不對不對，我的幸福就是母親的幸福。爲了母親好，我也得要讓自己開心才行！」

如果媽媽想著「只要我忍耐，周遭的人就會幸福」的話，孩子也會學習妳的生活方式。因爲孩子會感受到：「媽媽也是這樣做的，所以我不好好忍耐的話，媽媽會不開心啊。」**會覺得孩子好像畏畏縮縮地窺看妳的臉色，勉強自己說出「最喜歡妳」的時候，就是妳正在對自己說謊。**

所以如果遇到這種時候，請重新選擇妳的行動前提，改變爲：「不對不對，我覺得幸福，周遭的人才會幸福。」

媽媽有所改變的話，孩子也會逐漸改變的。

以我來說，只要發現自己又冒出以前的心理習慣，想著「唉呀我又來了」的時候，反而會稱讚自己：「太好了！太棒了、太棒了！這樣一來我就能夠好好選擇自己的道路了！」

只要有這種非常開心的「我走在自己的人生道路上！」的感覺，就不會再繼續自責下去。

由於育兒而發現自己內心有哪裡不太對——**當妳感到煩躁或者沉悶的時候，請妳記得「這是回歸自我的機會！」**這樣一來，一定會變輕鬆的！

案例2

無論如何就是會去監視孩子！

我有個小學五年級（11歲）的女兒。現在女兒並沒有什麼問題，但是我有點【希望如己所願】類型的傾向，經常都會一直趕她：「要快點、快點啊！」又或者是學校考試成績不夠好，我就會過度期待，覺得她「應該可以更好的啊！」

最近女兒也漸漸注意到這件事，她告訴我「我並不是媽媽想像中那麼好的孩子唷」，結果我也開始不明白自己「應該要怎麼養育這個孩子才好？」女兒原先有去國中考試的補習班，前幾天忽然說「我不想去了」，嚇了我一大跳。以我的立場來說，為了女兒的將來，當然不希望她放棄國中考試，但連丈夫都跟我說：「不要光想著考試的事，尊重一下女兒的想法會比較好吧。」我應該怎麼辦才好？

其實希望母親能與我有更多交流

媽媽 我和母親之間並沒有任何問題，但為什麼我卻會對女兒做出這些事呢？我覺得很不可思議。

智花老師（以下簡稱智花） 實際上妳女兒讀書的狀況如何呢？

媽媽 她升上小學五年級以後，我們也大概知道情況，所以不會對她說「一定得考一百分才行」，但會跟她說「咦？為什麼這題會弄錯？」之類的。如果她做得很好，我們也都會誇獎她；但是做不好的部分，我們就會質疑「咦？為什麼？」大概是這個樣子。

智花 也就是說，妳認為她「應該會才對」。媽媽妳自己以前是不是沒聽母親這樣說過呢？

媽媽 是的，母親不曾對我說過「去給我念書」。當時她也有工作，非常忙碌。

智花 妳有幾個兄弟姊妹呢？

媽媽 我是老二，有大我一歲的哥哥和小我四歲的妹妹。

智花 啊～妳是不是希望媽媽能夠和妳有更多交流呢？

媽媽 在我小學一年級時，媽媽對我說「我背妳吧」，我真的非常開心，現在也還記得一清二楚。雖然我那時回答：「沒關係啦～我已經長大了啦～」但現在回想起來，也許我是真的希望母親能和我有更多交流吧。

智花 **妳自己如此希望，但這個願望並沒有被滿足，所以妳現在正為孩子做這件事呢**，因為妳盡量關心孩子，**小時候的妳就會覺得開心哪**。

媽媽 原來是這樣啊，我還以為自己沒有問題呢。

智花 妳現在不就是藉由指出孩子不妥之處，來和孩子有比較多的交流嗎？也許妳心中想的是，就算是來指責我也好，真希望媽媽能多來關心我一下。

媽媽 我想也是，畢竟我媽連考卷或連絡簿都沒好好過目呢。就算拿給她看，她也不會對我說什麼。

智花 因為她不夠關心妳，妳可能會心想：「是不是覺得我怎樣都無所謂？」而覺得有些寂寞吧。

媽媽 我想也許是吧。但當我還小的時候，大概覺得這是理所當然的。

智花 小學一年級的時候她說要背妳，會讓妳留下那麼深的印象，正是因為那是非常特別的事吧。這個「可以撒嬌真的好開心」的事，**在日常生活當中無法感受到，所以變成了非常特別的事**。

媽媽 我完全不覺得有過我們關係變糟的記憶，但總之她非常放任我，在我小的時候，零食也是每天一包洋芋片，而且我總是自己吃。一整袋耶？這樣不是有點吃得太多了嗎？可能也是因為這樣，我小時候是有點胖。

智花 也就是妳自己小的時候，就有想過「我吃這麼多，太奇怪了！」對吧？雖然妳可能不至於把這件事怪罪到媽媽身上，比如說「為什麼媽媽都沒有發現我這麼奇怪，然後來阻止我？要是媽媽再多多看著我，我就不會變得這麼奇怪了」。但妳應該是**在內心深處想著「真希望媽媽多關照我一下」**呢。

對於那個討人厭的自己感到有些寂寞

媽媽 所以啦，我現在會把洋芋片放個十片在小盤子上，跟我女兒說「只能吃這些唷」然後拿給她。

智花　洋芋片就算整包放在那邊，其實也吃不了多少啊，妳還特地限制她只能吃十片？

媽媽　最近朋友給她的乾麵零食好像很好吃，她說想吃那個，所以我就買給她，雖然本來就很小袋，但我還是會稍微分一下，跟她說「今天只能吃這些唷」。但其實也不會抱著一整袋一直吃一直吃對吧？也許我根本不相信女兒。覺得要是我不盯著她，她就會一直吃下去。

智花　這是因為妳小時候有點肥胖，所以**對於那個「討人厭的自己」感到有些可怕，又覺得寂寞吧**。

媽媽　像才藝班那些我沒辦法做的事，我也都讓她去做。衣服也是多到像可以換衣服的洋娃娃一樣，其實我自己幾乎都是穿哥哥的衣服，明明是個女孩子，卻都是些棕色或深藍色的衣服。

智花　**因為妳覺得自己那樣有點寂寞，所以下意識的會有那種感受**吧。雖然不至於到覺得怨恨的地步，但卻想著「問我想要什麼的話，真希望能幫我買衣服」或者「真希望可以禁止我吃洋芋片，這樣我就不會那麼胖了」。

沒有發現自己在忍耐

媽媽 原來是這樣啊。畢業旅行的時候，不是大家都會帶新的東西嗎？我還記得那個時候有幫我買了新衣服，我好開心喔。

智花 因為妳無法開口向母親說「我其實一直都想要新衣服」吧？

媽媽 畢竟媽媽那時候也很忙，但總覺得這樣對母親「有點抱歉呢」。不過，也不是說我就是個好孩子啦，每次只要有什麼事，我就會哇地放聲大哭。

智花 那也許是因為在妳小的時候，如果只是很平常的說出來的話，根本不會被理會吧。畢竟妳還有哥哥，如果不是激烈地哇哇大哭，可能覺得爸媽根本不會看妳一眼吧？

媽媽 原來如此。我的孩子倒是不會這樣。

智花 想撒嬌要新衣服會覺得對不起母親、而且母親總是忙於工作，這樣不斷反覆退讓的結果，就是「可是我想說啊！」然後放聲大哭。但是，由於**妳的忍耐已經太過理所當然，所以根本就沒有發現自己在忍耐**。

媽媽 照顧女兒的時候，我有想到「為什麼我小的時候，會常常哇哇大鬧啊？」我也常常和哥哥吵架吵得很兇。

智花 因為妳希望母親能看看妳吧。

媽媽 就算想吃冰也不好開口拜託媽媽，所以我會跟妹妹說「妳想吃冰對吧」，然後叫妹妹去要，結果我居然叫自己的女兒忍耐這種事。

智花 兩方面都有。一方面是藉由經手處理這些事，表現出有在關心她。因為媽媽自己是三兄妹的老二，在爸媽不是非常關心的環境當中成長，而女兒只有一個，所以希望能好好關心她，覺得這樣她會比較幸福。

媽媽 我將所有心力都灌注在這個女兒身上了，所以我現在**對於自己是否變成糟糕母親感到非常不安**。

我的心理習慣是「這也沒辦法啊」

智花 之後的諮詢我也會繼續追蹤，妳要不要立刻向母親傳達妳自己的心情呢？

媽媽 我母親現在非常忙碌，因此就算打電話給她，也很容易聽到「抱歉，我現在正忙。」然後電話就被切斷了。母親以前也曾聽我說過小時候的事，那時她說：「這也沒辦法啊，那時候真的很忙。」所以我也覺得「確實這也是沒有辦法的」。

智花 那個……應該是妳從小時候就養成的心理習慣吧。**想著「這也沒辦法啊」來說服自己，將母親擺在優先。**

「因為我是三兄妹的老二，所以沒辦法買新衣服給我，這也是沒辦法的啊」又或者「媽媽正在忙工作的事，沒空關心我也是沒有辦法的啊」——就**用這種「沒辦法、沒辦法」來讓自己放棄這件事，下意識地壓抑自己覺得寂寞、希望她為妳做的事，以自己的頭腦思考、壓抑自己的心情。**

只要把我自己擺在優先，母親就能幸福

媽媽 我也曾經向母親說過「希望妳可以再多做一些這類事」之類的話。結果母親似乎打擊非常大。所以我知道不管是我、還是母親，其實都已經盡力了，才會覺得這也是沒辦法的吧。

智花 **妳是不是覺得「如果我太強調自己的需求，媽媽就太可憐了，這樣我很對不起媽媽」呢**？因為妳覺得如果自己說出真心話，就會害母親受傷，這也是妳的心理習慣。

媽媽 原來如此，的確是這樣！

智花 所以，請妳顛覆自己原有的心理習慣吧！**請唸出魔法話語：「我越是強調自己的需求，母親也會更加幸福。」如果媽媽打算切斷電話，那就跟她說：「我還想再說一下，拜託好嗎？」只要稍微練習一下以自己為優先就好**。

媽媽 這樣啊，那我下次會試試看。以我自己來說，如果繼續這樣下去，要當我女兒的媽媽也是不怎麼妥當。

事實只有一個，而妳怎麼想？

智花 我們稍微回到原先的話題。妳女兒對於妳說「零食只能吃這些喔」之後，她怎麼回答？

媽媽 她說：「謝謝！」給我的感覺是，她只要能吃到就感激不盡了。

智花 她不會說「我全都想要」，對妳分裝的動作也沒有任何表示嗎？

媽媽 是的。

智花 妳看到她這樣，心中是怎麼想的？

媽媽 覺得她有點可憐。要是我相信她的話，應該會覺得就算整包給她，她也不會全部吃掉的，我想我大概並不是完全相信她。

智花 事實只有一個，端看妳怎麼想（參考149頁「留意段子」）呢。**會覺得自己對孩子的想法是「也許我不相信她，所以才會這樣規定」，正是因為妳也是這麼看待自己的。**

孩提時代的妳自己，非常想要說服自己「媽媽並不關心我，是因為她非常信任我」。因為她非常相信我，所以我不可以有更多要求。

也就是說……妳是不是非常在意「她其實並不相信我」呢？

媽媽　嗯——我並不覺得母親相信我呢。

智花　因為她什麼都不讓妳做，所以妳才覺得她不信任妳嗎？

媽媽　應該說是因為覺得她並沒有看著我。我的母親別說是信任之類的，我想她應該沒有好好看著我吧，好像並不了解我在做什麼。

其實希望她能發現

智花　妳認為她並不是因為覺得「這孩子沒問題」所以才不管妳，而是覺得她根本就沒有在看妳對吧？那妳覺得她是怎麼看待妳的呢？

媽媽　倒也不至於說是完完全全不理會我啦……欸，就是那種「這也沒辦法啊」的感覺。

智花　**媽媽沒有看著自己，真的非常悲傷。但是妳為了不讓自己這種心情浮上來，所以用「這也沒辦法啊」來壓抑它。**

媽媽　這個嘛……我曾經對妹妹出手，而且記憶非常深刻。我看到爸媽幫妹妹買了一輛閃閃發亮的全新三輪車，心想「我可是拿哥哥不要的耶，為什麼!?」然後憤怒地把妹妹推開，害她受了傷。但是爸媽沒對我生氣，因為我非常堅持自己沒有那麼做。

智花 就算沒有人對妳生氣，妳也不覺得是因為「她們相信我」吧。妳是不是想著：「根本就沒有看著我嘛，不然為何什麼都不說？」「你們覺得我為什麼會把妹妹推開？」其實是希望她們能夠發現的，對吧？希望她們發現妳難過到要去推妹妹了，但結果「為什麼不對我生氣？」，反而讓妳更加失望吧。

媽媽 是啊，確實如此。因為不是很奇怪嗎？他們怎麼可能沒發現？

智花 **其實妳希望她發現「我明明這麼難過」的事**，所以，故意做得很誇張，還說了謊。但即使如此，母親還是沒發脾氣，看來她根本覺得我怎樣都沒關係吧，因為她連我如此寂寞都沒注意到。然後妳又說服自己放棄這件事，就算心裡冒出「好寂寞」的情緒，妳也會對自己說「沒辦法，媽媽工作很忙碌，所以這也沒辦法」然後壓抑這種心情。這件事，妳也可以和母親說說看喔。

媽媽 那時我真的好驚訝喔，「搞什麼，為什麼會是全新的腳踏車!?」

智花 妳對此感到如此憤恨不平，但卻無法說出口，**正是因為說不出口，**

所以內心的傷一直無法痊癒。

就算妳無法直接開口告訴母親，也可以**試著自己說出口，這樣心情也會比較輕鬆，會全然不同**唷。

希望能夠掌握孩子的事

媽媽 這就是我現在會緊緊綁住自己女兒的理由嗎？其實我是想要當個能夠了解她的媽媽啊。

智花 就算是母女，如果長大之後就能夠互訴情緒，其實就會變輕鬆了。

但如果說不出口，就會繼續累積在內心喔。

其實**母女的對抗，原本應該是在反抗期的時候發生。但是，因為妳那個時候一直忍耐、沒有說出口，所以到了妳自己成為母親、開始育兒才爆發出來**。

媽媽 我非常在意她學校的事，會追根究柢的問。女兒也知道我會這樣，但最近似乎也會有不太想說的時候。但是，我還是覺得想要掌握她的事。

智花　如果不掌握的話，會變得如何呢？

媽媽　我會懷疑她會不會「看起來是個好孩子，但其實……」之類的。

智花　妳懷疑她嗎？

媽媽　還有，雖然我覺得有好好地在和孩子溝通，但我其實還滿常監視女兒在做什麼。

智花　也就是打算萬一發生什麼事，就馬上進行處理，對吧？

一直潛藏在內心深處的「回憶恐懼」

媽媽　另外，我對於現在她的國中考試一事，還在摸索應該如何是好。她去補習班學習其他才藝也都還滿開心的，我想應該是不至於討厭念書，但她卻哭著說：「我不想去補習班。」問她：「為什麼不想去呢？」她卻說：「我想多跟爸爸媽媽在一起。」所以我也有在想，是不是就讓她別去了，但考慮到將來，又希望她能好好去上補習班……

智花　也就是妳希望能夠尊重她的意見，但又有種「可是心中總覺得似乎有哪裡不太妥當……」的感覺是吧。

媽媽 而且以她目前的狀況來說，如果想要去程度上比較好的國中，還需要再加把勁。我看著孩子，忍不住會開始覺得：「咦？怎麼成績沒有想像中的好？」

智花 現在就變成「絕對還是好好考試比較好」是吧？

媽媽 關於念書，我的確有比較偏頗的想法，連丈夫都說：「妳這樣會把孩子的積極性都消磨殆盡。」在我心中那些「必須這樣才行」「希望是這樣」的想法，和我自己的情結錯綜複雜交織，又加諸於孩子身上，所以對於這件事我也覺得有點畏縮……

智花 孩子不好好考試讓妳覺得害怕，但又覺得應該要聽丈夫的話才對，是吧？如果孩子不去考試，妳覺得會變得如何？

媽媽 嗯——因為**女兒擁有很多可能性，我覺得非常不安，例如：如果不去考試，是否會破壞她的可能性**？因為我覺得孩子的發展端看父母如何處理，我想讓她知道所有的可能性。

由於太過不安，我會把將來的所有事都讓她知道：「對妳來說，妳可以這樣，也可以那樣喔」而什麼事都讓她去做。

智花　**妳的不安，是來自於「回憶恐懼」**。會擔心是否沒能讓女兒所有的才能都發揮出來。之所以如此，是因為**妳自己以前也懷抱著這樣的不安**。

媽媽　在我小學二年級的時候，我在漢字測驗當中把「東」這個字寫成了「車」。而我到底是為什麼會犯這個錯誤，當時真的搞不懂。但因為老師非常可怕，所以我不敢問老師；爸媽也非常忙碌，實在沒有辦法來教我，所以我就覺得自己「一定是頭腦很差」，在數學方面也有發生相同的問題。

念書方面之後我就靠自己，雖然非常痛苦，但也真的很努力地辦到了。雖然如此，那時候的挫折卻一直讓我有種「我是一遇到這種問題就不會的笨蛋」的感覺。我也想過，要是那時候爸媽有多照顧我一點就好了。

智花　當妳想到「我是這種地方就不會的笨蛋」時，心情是怎樣的呢？

媽媽　真的非常錯愕、悲傷，不知該如何是好。

智花　妳不希望孩子也嘗到這樣的痛苦吧。

媽媽　是的。所以現在如果在家裡，女兒對丈夫說「教我功課」，看見丈夫非常開心的在教她，我就覺得鬆了口氣。

智花　現在妳丈夫為女兒做的事，其實就是當年妳希望爸媽對於身為孩子的妳做的事呢。但是，妳當時連希望這樣的事都不敢想，只覺得在家裡根本沒辦法問爸媽「東要怎麼寫？」這種小事；在學校又不敢問可怕的老師，所以一直想著「我真是太笨了」，然後感到錯愕不已，而妳不希望孩子也體會這種恐懼感。

媽媽　是啊……

智花　妳不希望女兒受到這種打擊，也不希望她獨自感受「我搞不懂」而痛苦。所以，**如果不趁現在做些什麼，女兒就會像我小時候那樣了，我會害她有那樣可怕的回憶——這就是妳的回憶恐懼**。

媽媽　原來如此，是我自己想起來就覺得害怕啊。

把我自己當成笨蛋，真是抱歉

智花 以目前為止談到的情況來看，妳女兒對於自己討厭的時候就會說討厭，覺得困擾也會表示困擾，她能夠將自己所想的事全部說出來。如果她有什麼事需要幫助，妳馬上就能幫助她、協助她度過。媽媽妳所求的事物、以及希望孩子能夠成為的樣子，其實都已經辦到了唷。所以**需要拯救的並不是妳女兒，而是妳自己**。

媽媽 確實如此！那麼，我應該怎麼辦才不會繼續監視我自己的女兒呢？最近連女兒都跟我說：「妳可以不用再監視我了啦！」

智花 雖然腦中想著不要去監視她，但因為妳心底深處還是想監視，所以才沒辦法阻止自己的行為。

妳應該要讓自己好好感受「我最喜歡媽媽了，但是我討厭沒有好好看著我的媽媽！」這種「討厭！」的感覺。請妳好好感受深藏在內心的憤怒以及悲傷情感。

那麼，接下來就請妳跟著我說一遍我說的話。

媽媽 好的。

智花&媽媽

我最討厭不好好看我的媽媽！

媽媽，妳要好好看啊！

妳要好好看著我啊！

妳都不看我，讓我好寂寞。

我真希望妳能多看看我。

我沒能讓妳好好看我，真的好寂寞。

不要都不管我啊。

別把我丟在一邊啊。

都是因為媽媽把我丟在一邊，害我變胖了。

都是因為媽媽把我丟在一邊，我才會去推妹妹呀。

都是因為媽媽把我丟在一邊，我才會受到挫折啊。

都是媽媽害的。

都是媽媽害我受到挫折。

我會這麼不中用，都是媽媽害的。

都是把我丟在一邊的媽媽害的。

我會悲傷到不知該如何是好，都是媽媽害的。
都是因為媽媽沒有好好看著我。
我不會像媽媽那樣的。
所以我才變成會監視小孩的媽媽。
為了不讓小孩這樣想，我才變成會監視她的媽媽。
我決定要成為監視孩子的媽媽。
我要成為一個不會讓孩子有那種悲傷回憶的媽媽。
其實我好希望媽媽能看看我。
真希望妳能溫柔的指導我的功課。
真希望我吃太多的時候，妳能注意到。
真希望妳能發現為什麼我會推倒妹妹。
真希望妳能發現我因為功課做不好而不知該如何是好。
真希望我也能幫妳的忙。
我獨自趕上課業真的好痛苦喔。
我自己努力好痛苦喔。

真希望有人能幫幫我。

沒有人幫忙我，真的好痛苦喔。

我好惶恐喔。

我好難過喔。

我明明這麼惶恐。

我獨自努力，真的很惶恐啊。

噢，好可怕喔。

沒有人幫助我，我好害怕喔。

小時候的我真對不起，沒能讓妳去求助。

讓妳一個人努力，真是抱歉。

讓妳覺得這麼惶恐，真是抱歉。

擅自決定妳是個不值得人幫忙的傢伙，真是抱歉。

把真正的我當成笨蛋，真是抱歉。

討厭真正的我，真是抱歉。

如果不想要努力，就不用努力沒有關係的。

如果想要別人幫助，就開口求助沒有關係的。

妳不需要自己一個人努力啊。

至今妳一直守護著我，真的非常感謝。

智花　這些是妳孩提時代沒能好好感受的情緒，讓現在的妳能夠好好感受的練習（內心孩童練習），把這些話說出口，妳覺得如何呢？

媽媽　最撼動我的，是「把真正的我當成笨蛋，真是抱歉」這句話。我一直在霸凌自己，對吧？

智花　因為妳一直把自己當成笨蛋，才會覺得應該有所改變。

媽媽　也正因如此，才會要求孩子要有很高的自我肯定感。

智花　正因為**媽媽自己在內心否定自我，因此試圖以孩子來挽回這件事，讓孩子來為自己實現夢想**。但是這樣一來，一定會在某些事上發生挫折。如果繼續無法認同原先的自己，也會無法認同孩子呢。

所以，剛才說的那些話——**好好感受自己孩提時代的情緒，發現自己內心深處的「恐懼」，是非常重要的。然後反覆練習，當妳覺得害怕或需要幫忙的時候，就要把「好可怕」「幫幫我」說出口，請**

為自己創造出這種能夠為自己實現願望的經驗！

這樣一來，對於「女兒的考試究竟該怎麼辦？」這種問題，也會慢慢能夠覺得「女兒已經是個能夠做自己想做的事、說自己想說的話的孩子了，沒問題的！」「就算是不去考試，女兒也能夠實現自己想要的未來，沒問題的！」

媽媽　好的。我會試著多加練習！

智花老師的建議

「我和母親關係很好，也並沒有發生過什麼問題，爲什麼會在育兒路上受挫呢？」這是來我這裡諮詢的媽媽經常出現的問題之一。

就算覺得自己應該沒有任何問題，但卻會過度監視孩子、或者害怕孩子不好好去考試等，媽媽自己會有這種心思偏頗的情況，大部分的問題契機，其實還是在媽媽自己孩童時期與母親之間的關係。

以這個案例中的媽媽來說，會對於孩子有過度的期待、對於她的念書成果感到失望、希望能夠將她養育爲自己期望的樣子，而誘導孩子往那個方向去、結果監視的情況過於嚴重，連自己都阻止不了。就算自己覺得不應該這麼做，卻還是停不下手，這眞的非常痛苦。

那麼，爲什麼會無法阻止自己呢？那正是因爲有許多「恐懼」及「寂寞」等「情緒」隱藏在內心。因此，**現在就應該好好重新感受那些孩提時沒能讓自己好好感覺得「恐懼」及「寂寞」，將此轉變爲讓自己能夠明白「原有的自我」的機會吧。**

這個案例中的媽媽，沒能發現的內心情感，就是她自己是兄弟姊妹當中夾在中間的那個。而且父母工作都很忙，因此母親並沒有太多時間理會她的「寂寞」；連自己憤怒又嫉妒到推倒妹妹了，卻還是沒被注意到的「恐懼」「惶恐」；在念書的時候受挫而獨自煩惱，媽媽卻不來關心自己的「悲傷」「不安」……當她還年幼的時候，就獨自懷抱這麼多的情緒。

以這位媽媽來說，因爲非常害怕感受到這些情緒，所以會用「這也沒辦法」來說服自己。就算已經長大成人了，還是會去避免碰觸那些情緒，因此才會**不斷發生透過孩子使這些情緒都浮上心頭的事。正因爲孩童時期那些「惶恐」及「恐懼」都還沒有離開，所以女兒一說「我不想去補習班」，就讓她覺得非常害怕**。

在這次的諮詢當中，我也讓她做了內心孩童練習的話語（220頁），試著**將孩提時代感受到的情緒，重複說出口直到內心覺得輕鬆爲止**。將先前一直避免接觸的情緒，讓現在的自己好好重新感受。

這樣一來，對那個因爲惶恐而獨自哭泣的自己說：

「把眞正的我當成笨蛋，眞是抱歉。」

「沒能讓妳去求助，眞是抱歉。」

如果能夠不斷重複這樣的練習，等到能夠諒解自己「原來的我就很好」以後，對於孩子的想法也會轉變爲「你維持這樣很好」，也能逐漸原諒長大的自己。

孩子會想著「媽媽，妳要多看看我啊～」其實是因爲沒有發現自己的情緒。

「我明明如此悲傷。」

「我把自己當成超級大笨蛋啊。」

但是又不願意自己承認，所以才會在別人身上尋求認同。

因此**不要向別人尋求「認可我啊！注意到我啊！」**，**請妳先從發現自己的情緒這點開始**做起。這樣一來就會明白，妳先前覺得是問題的事，其實根本不是什麼問題，也就無須在意了。

不管需要幾次，請對著自己呼喊「妳好悲傷對吧」「妳好寂寞對吧」，一旦妳能夠理解自己的情緒，就能夠鬆一口氣、不需要再從別人身上獲得認可。

如果自己能夠感到滿足，那麼妳就能爲別人說這句話了，也就能夠對孩子說出「妳這樣就很好囉」的話。

無論如何，最重要的，就是媽媽自己必須先原諒孩提時的自己。

結語

最後，讓我再說一次，這並不是妳不好。**妳並沒有特別奇怪、也不是沒有母性的人、更不是一個冷漠的人，妳不需要覺得「我是這種媽媽，眞是抱歉」**。所以，爲了孩子好，妳也不需要再繼續自責下去了。

在育兒的媽媽之間，我經常聽到：「我想提高孩子的自我肯定感！」這句話。而那正是由於媽媽無法肯定自己，深深明白自責的痛苦，所以非常強烈地希望著：「我不希望孩子變得像我一樣！我希望孩子能夠肯定自己、成爲一個能夠喜歡自己的人！」

但是，我想告訴妳，爲了要讓孩子能夠肯定自己，最重要的就是媽媽妳必須要先肯定自己才行。

那些妳想爲孩子做的事，請務必先爲妳自己做到，那些妳不想對孩子做的事，也絕對不要對自己做。因此，**請妳現在就開始練習原諒自己、肯定自己吧！**

我現在幾乎每天都會見到苦於育兒煩惱的媽媽們，真的感觸非常深，眞希望能爲這些習慣責備自己的媽媽，在全國各處建立能讓她們恢復內心精神的休息場所（安全基地）。那個場所能讓媽媽肯定自我，打從心底想著：

「我可以不必再責怪自己了。」

「我維持現在這樣沒有問題的。」

「不管是什麼樣的我，都是有價値的。」

希望能夠增加更多像我一樣，可以稍微緩解媽媽們煩惱的人。爲此，我希望各位媽媽們能夠先反覆練習接受「受到肯定的自我」「能被諒解的自我」「只要存在就具備價値的自我」。

就算由於長年以來的心理習慣，無法再相信自己、無法肯定自己，只要周圍的夥伴或者有任何一個人能夠相信自己、肯定自己，那麼就能備感救贖。

就像是香檳塔的結構那樣，母親如果在心中的香檳杯裡盛滿自己「喜歡」和「想做」的事，並讓這些東西多到滿出來，那麼底下的杯子也會被裝滿。

在育兒的時候，會笑、生氣、煩躁等，每天都被大量情緒刺激。因此也可能會造成各式各樣的煩惱。但是，**正因爲妳在育兒，所以更加能夠治療孩提時代的妳，能夠讓妳重生**。

因此，如果感受到煩躁或苦悶，請妳覺得「這是好機會！」就像本書中描述的一樣，好好面對自己的內心。

「我希望能夠更加疼愛孩子！」

「我好痛苦，希望有辦法解決！」

懷抱這種念頭而拿起本書的妳，其實應該已經發現自己擁有對於孩子的愛、以及對於自己的疼愛。

正因爲妳是一位擁有許多的煩躁苦悶、悲傷、寂寞、害怕……五彩繽紛各式各樣情緒的母親，所以才能夠馬上發現孩子那些微的悲傷或者寂寞；正因爲妳是個很遜的母親，所以妳才能夠非常了解自己的孩子會有什麼樣的心情。孩子的母親是妳，絕對沒有問題的。

沒有錯，發現這件事的妳，很快就會有所變化！

只要能夠發現——妳會馬上就心想「我是這種媽媽，眞是抱歉」其實是自己孩提時代的心理習慣，那麼妳就能夠選擇「接下來我想要怎麼做？」了。爲此，還請務必實踐看看本書當中推薦的能夠逐漸改變心理習慣的方法。這樣一來，妳絕對能夠放掉「我是這種媽媽，眞是抱歉」的習慣。

習慣是要一直重複相同的行爲才會養成，所以要改變心理習慣，就必須反覆改正它！如果覺得自己努力改掉這個習慣很辛苦的時候，就算是只能找到一個人，也請試著找到一個夥伴。

比妳還要相信妳自己的人是誰？誰最想要了解妳的事？要不要試著提起勇氣，把這本書遞給妳現在腦中浮現的那個人呢？這本書中應該寫出了很多眞正的妳吧。

非常重視妳的那個人，也和妳一樣，非常想要了解妳的事。好啦，快把這本書闔上，試著練習展現出眞正的自己吧！

這樣一來，一定能夠從「我是這種人，眞是抱歉」進化爲「我這個樣子眞是太棒了！」的唷！

Eurasian Publishing Group
圓神出版事業機構
用心與你對話・視野無限寬廣
如何出版社
Solutions Publishing

www.booklife.com.tw reader@mail.eurasian.com.tw

Happy Family 079

對不起，我不是好媽媽——
8個練習題，帶你走出育兒焦慮與罪惡感

作　　者／福田智花
譯　　者／黃詩婷
發 行 人／簡志忠
出 版 者／如何出版社有限公司
地　　址／台北市南京東路四段50號6樓之1
電　　話／（02）2579-6600・2579-8800・2570-3939
傳　　真／（02）2579-0338・2577-3220・2570-3636
總 編 輯／陳秋月
主　　編／柳怡如
責任編輯／丁予涵
校　　對／柳怡如・丁予涵
美術編輯／林雅錚
行銷企畫／詹怡慧・曾宜婷
印務統籌／劉鳳剛・高榮祥
監　　印／高榮祥
排　　版／杜易蓉
經 銷 商／叩應股份有限公司
郵撥帳號／ 18707239
法律顧問／圓神出版事業機構法律顧問　蕭雄淋律師
印　　刷／祥峰印刷廠
2020年2月　初版

定價270元　ISBN 978-986-136-539-8

有各種育兒煩惱的媽媽們，之所以會對孩子抱有罪惡感，
正是因爲有著否定自我的心理習慣造成的。
如果媽媽能夠不再忍耐，說出眞正的心情，
那麼孩子也會不在意他人的想法、不會有所顧慮，
能夠對妳說出他眞正想說的話。

——《對不起，我不是好媽媽》

國家圖書館出版品預行編目資料

對不起，我不是好媽媽——8個練習題，帶你走出育兒焦慮與罪惡感／
福田智花 著；黃詩婷 譯. -- 初版 -- 臺北市：如何，2020.02
240面；14.8×20.8公分 --（Happy Family；79）
譯自：「こんなママでごめんね」から卒業する本
ISBN 978-986-136-539-8（平裝）
1. 家庭教育　2. 母親　3. 育兒
528.2　　108021537